连山——编著

你的时间 80% 都用错了

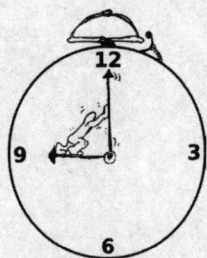

吉林文史出版社
JILINWENSHICHUBANSHE

　　你有没有注意过，周围经常有人在抱怨没有足够的时间来完成工作。"看起来我今天是做不了这么多事情了。""不可能吧，已经中午了？我才做了一点儿而已。""这周的工作我连一半都没有完成。""如果我不睡觉，也许能干完这些活儿。""我真希望一天有 48 个小时！"也许你也曾经说过类似的话。人们真正想说的到底是什么？那就是："我需要更多的时间来完成工作！"

　　为了解决时间不够用的问题，你是不是已经想尽了办法？但是，你仍然没有足够的时间——或者说，至少没有你所希望的那么多，总是还有无数件没有完成的事情在等着你去做。

　　虽然我们不能延长时间，却可以管理自己的行为和举动，从而更加合理地使用时间——用 24 小时产生 48 小时的效益。有效地利用时间完成更多的工作，这样你才能成为一个能干的人，这样你才会赚更多的钱、生活得更好。除了工作和事业，本书所讲的方法同样适用于生活的各个方面——家庭、社团、社会活动……如果任何事情我们都可以做得更多更好，我们就一定能够从中受益。

在这本书中，编者在帮助我们充分认识时间真正价值的基础上，提出了许多管理时间的技巧、工具、思路和策略，揭示了成功人士高效工作的秘诀，教会我们树立明确的目标、制订行动计划、分清轻重缓急、合理安排工作时间、形成有条不紊的工作作风、克服各种原因引起的时间浪费、摆脱日常琐事的纠缠、找到平衡生活的有效方法等，让我们生活和工作中的每一分钟都具有更高的效率。

为什么要做更多的事情

为什么要做更多的事情

不管公平不公平，也不管你喜欢不喜欢，根据每个人能做多少事情，我们会被划分成几个明确的等级。"工作"比其他东西更为迅速和准确地划出了一条分界线。通常超级实干家在竞争中会具有理所当然的优势。

那些做事勤勉、积极肯干的人总是很受欢迎，并且能够得到最多的赞美——事情就是这么简单。老板最愿意雇用这样的人，并且给他们最高的报酬。普通人得到普通的回报，效率更高、做事更多的人会得到更多的回报。这本来就是很公平、很符合逻辑的事情——做得最多的人当然应该得到最多。

你对此还有所怀疑吗？那么，我们就来投票吧！

如果我的墓志铭上只能写一个词语，我希望写的是"多产的"。其他比如"慷慨的""和蔼的""富有的"或是"尊敬的"也都很好，但它们的意思都全部或部分地包含在了"多产的"这个词语里。

你为什么想要完成更多的工作？下面列出了一些主要的原因。如果同意某个说法或希望具有某个特征，请选择"是"；反之，请选择"否"。

·为什么要做更多的事情·

是　否

○　○　**为了获得真正的自尊。**我们心里很清楚自己是不是正在努力地完成工作。一项工作已经完成或有把握完成，给我们带来的内在满足感是没有任何外界的快乐可以比拟的。

○　○　**不做看客。**完成更多的工作可以让你成为事情的推动者——你可以掌握事情的发展方向和节奏。通常，如果只满足于被其他人牵引着向前走，那么，你就只能获得普通的成就。

○　○　**为了得到更好的工作机会。**众所周知，所有的老板都是追求成效的。成效也确实是非常有价值的，那些做出成效的人不仅仅会获得赞许，还会得到晋升的机会和更好的薪酬。

是　否

○　○ **让自己具有一定的资格。**生活中的很多东西——一个执照、一笔贷款、一份工作、一份保险、一个学校、一个团队、一场比赛——在得到这些东西之前，我们都必须证明自己有资格。日常生活中，我们也会用一些更为微妙的方式，做着完全相同的事情——也就是在爱一个人或者接受一个人之前，先看看他是不是合乎你的要求。

○　○ **增强家庭的凝聚力，建立更好的人际关系。**很多婚姻的破裂都是因为配偶无所作为。他们也许没有稳定的收入、没有吸引人的特质、不能给孩子树立正面的榜样、与你志趣不相投或无法让你欣赏，等等。

○　○ **为了获得更多的选择，以免和机会失之交臂。**有成就的人可以有更多的选择——在工作职位、生存环境甚至潜在的伴侣等方面都是这样。有成就的人不是依靠好运气来描绘成功的愿景，他总是主动出击，创造成功。

○　○ **因为成果是很好的沟通工具。**很多事情都会因为写错或说错而被误解，但是行动能够给人以清晰的印象。某件事情完成了，就不需要再多说什么、再解释什么或者再估计什么了——因为行动本身已经做出了说明。

○　○ **因为总有一天你会不得不去完成更多的工作。**也许你正面临着经济上的困境，或者是生意上和事业上愈演愈烈的竞争，可能突然要负责一家公司、一个项目或者一个家庭……也没准你会有一对双胞胎。如果你知道怎么样去完成更多的工作，就能很好地处理这些问题，甚至是享受这些事情。否则，你不仅得不到任何回报，还会经历挫折、沮丧和失败。

是 否

○ ○ **为了获得注意，成为大家的焦点！**普通人可能会得到一些赞誉，但是只有杰出人士才能吸引所有人的注意力。我们关注的是实干家、领袖、发明家、探险家。如果你做出了巨大的贡献，你就会有与众不同的特质。

○ ○ **让自己具有影响力。**因为你不是一般的士兵，而是调兵遣将的人，你是决策者，而不仅仅是被指挥的人，所以你在生活中和社会中都是至关重要的。我们很快就会对平庸的人失去兴趣，但是对于杰出的人物，我们不仅爱戴他们，还会服从他们。

○ ○ **我们总是使用错误的方法来实现目标、影响他人、获得升迁和调动、增加销售额——**我们用尽了政治手段、贿赂、乞求、恐吓以及其他一切卑鄙的方法，耗费了所有的时间和精力，结果却未必很好。更高的效率才是世界上最好的方法。真正做事的人能够找到他们无可取代的价值和位置。

○ ○ **为了获得可贵的安全感。**安全感就是创造的能力。只要你能够去做，并且真的做了，你就有了保障。

例如，工作保障就是我们应该勤勉做事的一个很好原因。你不希望自己成为裁员过程中被解雇的那个吧，几乎没有老板或公司负责人会让那些能够做事的人离开。

是 否

○ ○ **让你老了之后能够更有用，而不是被别人忽视。**很多人都一直期待着退休，远离他们的工作。其实，时间会增加而不是消减我们的创造力。老了以后，我们会有更多的经验和教训，我们更有资格去教导、指引和提建议。如果你想拥有一个精彩的人生，就必须不停地努力，成就精彩的事情，一直到你95岁甚至105岁！如果你不做事了，所有人（除了你的债主）都会慢慢地忘记你。

○ ○ **因为可以举一反三——多产能够帮助和改善你生活的每一个方面！**一旦你在某一领域里掌握了更高效的方法，相同的法则和类似的办法就可以应用到其他的情况。这就是为什么在某一领域里举重若轻的人碰到其他事情似乎也可以点石成金。

○ ○ **为了获得经济回报。**勤勉做事的人在经济上、物质上和情感上都能够得到收益。现在我们大多数人都明白这样一个实实在在的硬道理——游手好闲不会有任何收获。付出越多，收获越大！

○ ○ **能干的人总是极具魅力——他们能够吸引别人，并且可以从各方面获得尊重、帮助、合作以及各种机会。**他们能够创造机会，获得成功。用一分钟的时间来想一想那些带给你最大影响和冲击的事情、人物以及物品。我们喜欢跑得最快的汽车、最肥沃的土壤和最香甜可口的水果。我们都喜欢有能力的人，因为努力工作、获得成就，会把一个人所有的知识和激情都呈现出来。

是 否

○ ○ **为了给自己一个明确的目标。**和那些懒惰的人相比，愿意多付出的人总是能够得到更多的快乐，他们沮丧的时候也比别人少。知道自己正在做什么，这就是一个巨大的鼓舞，甚至可能是这个世界上最大的激励。

○ ○ **为了停止浪费。**把更多的时间花在努力工作上，我们就没有时间、没有空间也不会想要去贮存"垃圾"或无用的东西。当你努力去完成更多事情的时候，就没有多余的时间来浪费或烦恼了。

○ ○ **最终你可以做完你想做的所有事情。**你再也不用随身带着二十几页的备忘录，记录着"某天要去做的"工作，因为它们都已经完成了。

○ ○ **这就是我们的责任所在。**我们每个人的生存都会占据空间、使用资源、耗费食物和能量。我们有义务尽自己的一份力去使这些东西得到更新、补充和重建。创造财富是我们的责任！

○ ○ **这会使你出类拔萃。**不管是谁都不会真正地想做个普通人，流于一般。你愿意钓鱼的时候钓到最小的一条鱼吗？你想看一本普通的书或一场无趣的电影吗？你喜欢做一份普通的工作吗？你会在发工资的时候说"给我平均数就行了"吗？想胜过他人，成为出类拔萃的人物，这是人之常情。在人生的每一个竞技场——办公室或学校、篮球场或运动会——人们都想，都期望自己成为最棒的。平凡并不是不好——但是你不会满足于此！

如果在上面的选项中，你回答"是"的选项超过了 11 个，那么就再接再厉好好地看这本书。如果没有超过 11 个，那么就更需要认真地看了。

完成更多工作所能得到的最好回报

　　现在，让我们用一个人生活的本质，也就是最基本的两件事情：爱和被爱，来衡量一下工作能够给我们带来什么。如果你获得了爱和被爱，其他的一万种需求和想法都就会随之得到满足。被爱和被需要的感觉实在是太好了。受到关注是世界上最大的快乐和最美好的经历。它永远不会过时，我们也不会嫌它太多。怎样才能真正地被爱？生产！对那些沮丧的、疲劳的、"一般努力"的人，我们会同情他们、关注他们、容忍他们——但是却不会爱他们。

　　至于和爱同等重要的那些东西，如果它的衡量标准不是我们做了什么贡献、做了多少贡献，那又是什么呢？相貌？谈吐？职位？银行存款？承诺？计划？即使有了这些，我们仍然可能是毫无价值的、不受欢迎的。爱就是去行动，而不仅仅是感觉。

生产不仅仅是指机械产出

不要认为更丰富的物质或更高的地位就一定能够带来更多的时间。是什么促使我们去完成更多的工作，除了谋求名利，我们还希望提升自己的能力，取得更大的成就。

当你听到"生产"这个词的时候，不要只是想到流水线或者工厂——这些都只能带来机械产出。在任何事情上，生产都可以是更大、更好、更宏伟的成就：

*学习经验——在课堂上或在任何地方——这会改变你的生活。

*准备一顿丰盛的晚餐。

*来点鼓舞人和打动人的音乐。

*拥有一个舒适美丽的庭院或花园。

*用你的决心和干劲儿来鼓励别人。

*好好地照顾孩子、老年人以及其他人，让他们觉得舒适、安全和快乐——这是世界上最有价值的事情之一。

完成更多的工作并不妨碍你去做那些能让你得到快乐的事情，例如阅读、郊游或者拍照。生产并不总是有形的，但它一定会在某件事情上产生看得见的变化。一次交谈、一首诗或者一件事情，如果它们能够改变你的态度或行为，那么，这就是一种精彩的产出。一些切实的结果通常也将随之而来。

》 勤奋造就高效

其实，我们谁都无法否认，人都是有惰性的，只是每个人"惰"的程度不同而已，关键是我们要有意识地规避惰性，激发自己的积极性。要想在这个人才辈出的时代走出一条完美的职业轨迹，唯有依靠勤奋的美德——认真地对待自己的工作，在工作中不断进取。

勤奋是保持高效率的前提，只有勤勤恳恳、扎扎实实地工作，才能把自己的才能和潜力全部发挥出来，才能在短时间内创造出更多的价值。缺乏事业至上、勤奋努力的精神，就只能观望他人在事业上不断取得成就，而自己却在懒惰中消耗生命，甚至因为工作效率低而失去谋生之本。

享受生活固然没错，但怎样成为老板眼中有价值的员工，才是最应该考虑的。一位有头脑的、聪明的员工绝不会错过任何一份可以让他们的能力得以提升，让他们的才华得以施展的工作。尽管有时这些工作可能薪水低微，可能繁重而艰巨，但它对员工意志的磨炼，对员工坚忍性格的培养，都是员工一生受益的宝贵财富。所以，正确地认识你的工作，勤勤恳恳地努力去做，才是对自己负责的表现。

要想在这个时代脱颖而出，你就必须付出比以往任何人更多的勤奋和努力，否则你只能由平凡变为平庸，最后成为一个毫无价值和没有出路的人。

无论你现在所从事的是什么样的工作，也不管你是建筑工地上的一名工人，还是办公室里的一名普通员工，只要你勤勤恳恳地努力工作，你总会成功的，并且会得到老板的认可。

一个员工如果萎靡不振，那么他脸上必定毫无生气，整个人看起来呆若木鸡、无精打采。那么他做起事来就不可能有朝气、有活力，更不可能出成果。

有责任意识、有上进心的员工才能让自己拒绝懒散和萎靡不振。方法就是做起工作来，要全身心地投入，即使在自己已经很疲惫的时候。

只有那些勤奋努力、做事敏捷、反应迅速的员工，只有充满热忱、富有思想的员工，才能把自己的事业带入成功的轨道。

要想成为优秀员工，首先要比别人付出更多，一个人获得的任何东西都是他事先付出的回报。你在付出时越慷慨，你得到的回报就越丰厚，这是公平的职场规则。

那么，让我们行动起来吧！去做更多的事情！

第二章

你可以做得更多更好

每本书都需要一个部分或者一个章节来作为一个小小的激励，吸引你读下去，本章在这本书中就扮演了这个角色。接下来我们将回答正在你的脑海中形成的疑问："这个一如往常平凡普通的我能够完成更多的工作吗?"

　　很多人都认为，自己必须成为效率方面的专家或认识这样的专家，才能更好地利用时间。他们坚信必须参加研讨会、获得高学历、背着厚厚的记事本或者使用平板电脑来管理那些不可思议的越来越多的工作……毫无疑问，这些都是错的。

　　在如何提高时间的利用率这个问题上，有的人总是想尽办法制造神秘，而有的人却不是这样。其实，这一点儿都不神秘，而且也并不困难。无论你是某银行职员，还是某公司老总的私人助理，或是某电力公司的电话服务员，哪怕是别人家的临时保姆，你利用时间的能力都和其他人是完全一样的。而且，无论你的年龄、性别、职位、学历、体型、种族或者信仰是什么，在对时间的使用上，你和那些名人或者位高权重的人都有着同样的优势和劣势。对于所有人来说——不管是那个平凡普通的你，还是有钱的、有权的、有名的你，时间流逝的速度都是一样的。你拥有知识、充满渴望，也同样听到了自己心灵深处的低语："你可以做得更多更好。"那么，从现在开始，丢掉"时间专家的标签"，不要再认为他们是一些特别杰出的人物，而你自己永远也不可能做得到。

　　我认识的很多人，因为没有受过正规的教育，便认为自己不可能得到更好的工作。还有另外一些人，他们就读于名牌中学和大学，所以觉得自己处在有利的地位。从时间的使用及其效益来说，他们都错了。不要再因为缺乏正规的教育或自己的名字后面没有像样的头衔而忧虑了。在这本书里，只有"上午""下午"这样的缩写才是有意义的。

我们都很平凡。你和我也都明白，在生活中，我们每一个人都有能力比现在做得更好。从一次又一次重复的经历中，你将会明白，只要多做"一点点"，就完全能够让你与众不同。

多做一点点很容易理解，而且对于我们来说——你、我，以及每一个想这么做的人，这也是很容易做到的。所以，只要比平时多做一点点，那么，你就会成为一个让自己敬畏的杰出人士。

怎样才能"多做一点点"

找出下面这些人的共同优点，你就能得到这个问题的答案。他们并非相貌出众，也不是非常富有，他们的种族不同、信仰不同，有的人受过良好的教育而有的人没有。其实，他们的相似之处非常简单……

一个老农民，65岁，曾经在一个包工头手下做一些建筑工程，打打零工。和他一起工作的还有3个工人——强壮的、年轻的、精力旺盛的，他们做的工作都一样。两个月之后，这位老人是唯一留下的一个，他做了所有的工作，并且比他那3个同事加起来做得还要好、还要快。

一个年轻的军官退役后，和他的战友们一样，他也拥有高级军衔，也面临着普通生活中严酷的就业形势。他的朋友都在尽可能地寻找工资更高的工作，不过大多数公司都因为"资历过高"而回绝了他们。他却找了一个年薪只有 12 万元的工作，如果表现优异的话，会有奖金。第二年，他就挣到了 60 万元。

一个 25 岁的摔跤教练开起了涂料公司，但之前他从来没有刷过油漆。他赚钱、交朋友、建立客户群。在那之后，在一个几乎是最糟糕的时间（银行利率高、正处在工业衰退期等），他决定做一个建筑商。有生以来从没盖过房子的他，找到一个合适的地方，没有任何支援，也没有任何良好的背景，就从那里开始了。一年以后，很多有经验的建筑商都破产了，这个年轻人却获得了 40 万元的赢利。有 22 幢新屋正在修建，并且他还在设计建造自己的梦想屋。同时，他还为教堂和社区做了大量的义务工作。

用一成不变的方法经营了 10 年的游乐场，其维护人员多达 45 个。一个在游乐场附近清洁电话亭的年轻人结束了这样的局面。他说服了公司，把这个活儿包给他干。最后，他只用了 15 个人就代替了原来 45 个人的工作，而且，工作质量还有了提升。

公司的管理者众多，办公室助理的效率就要特别高。管理者把工作都集中了起来，即使是那个稳重、熟练、受过良好教育并且经验丰富的助理也要从早忙到晚，一心扑在那些文字和草图上。但是后来的兼职人员，一个只念过高中的羞涩的农村女孩，只用了两个小时，不仅做完了她的前任需要 8 个小时来做的工作，还做了很多其他的事情（并且失误更少）。

复印中心工资最低的女孩，做起事情来又快又准确，她因此而得到了一个客人的赞赏，并且被聘请到他的公司去工作。两年里，她负责了全部的工作，包括市场调研、广告策划、版面设计、印刷、寄送资料、时间安排、与媒体接触、办公室其他人员的电脑培训、平衡应付款项和收入等，除此之外，她还要管理身边所有的事情。仅仅是"多做一点点"成就了她的准确和快速。

任何人——就是那些普通的、平凡的人——想要完成更多工作的人，不管用什么方法，只要能将时间利用得更好，就会有几百个这样的故事发生。这没有什么大的秘密；哪怕是普通的人，哪怕是简单的方法和原则，只要多做一点点，就足以使你与众不同。

那位老农民每天早上 7:30 到，然后便准备工具，8:00 准时开始工作。他没有跑来跑去，只是慢慢地走。但是，他不会一直把午餐带在身边，不会停下来聊天。他从来不休息，而且也从来不用将同样的东西固定两次。他珍惜自己工作中的每一分钟，所以很多人都争相聘用他。

那位年轻的退役军官每天早上 7:00 就到办公室，一天给客户打200 个电话，并把客户看成是上帝。其他同事则每天 8:30 才来上班，只打 40 个电话，他们一旦拿到工资，就将客户忘到了九霄云外。

那个 25 岁的摔跤教练每天深夜或清晨都坚持用两个小时的时间来学习建筑。他从来不把自己主要的时间用来串门或做白日梦。

那位新的游乐场承包人在工作的时候从来不会逃避劳动，打发时间。他也同样要求工人们在工作时间全力以赴，这样他们就能把事情做得又快又好了。

那个害羞的农村女孩有 4 个兄弟姐妹，很小的时候她就知道如何去肩负重担。她除了做自己的事情之外，还学会了如何快乐地帮助别人，处理家庭琐事。工作之后，她也保留着这个习惯，那些事情对她来说不过是小菜一碟。

那名复印店里的"超级女强人"，她只是复印店里工资最低的员工，却能够做这么多的事情，是因为她有着特殊的成事态度："在我面对超负荷的工作、职业要求和机会时，我才觉得自己是最好的。"对于工作，她从来都认为是最有乐趣的。

你可以完成更多的工作

我们听得太多太多了，"我没有时间……""只要我一有时间，我一定……"，有了这样的借口，我们什么也不会去做。其实，时间根本不用去寻找，它在清晰的、振聋发聩的嘀嗒声中流逝了。如何去利用时间才是真正的问题。

我们来看看一个大学生4年的生活，这4年有一定的课程安排。大多数学生都认为他们这些日子牺牲了自己的快乐，是在煎熬中度过的，所谓的"不堪重负"是指他们或许有一些贷款。在我上大学的那些年以及接下来的岁月里，我有机会观察到各个年龄段的学生，从18岁到60岁。他们有些人整天忙着上课，以及参加一些娱乐活动。而另一些人，他们不仅上课，而且从早到晚地工作、参加课外活动。还有一些人甚至做了更多的事情。我的一个朋友张华在学习新闻学，是个在职研究生，他有两个孩子，有一份每天需要干10个小时的工作。在这样的情况下，他还为妻子和孩子做了很多事情。可是在拿到毕业证的时候，他的成绩比很多只需要上课和学习的同学（常常是其他人供养他们读书）都要好。

如果一门课程、一个证书、一项事务就是你所想要的、你所期待的、你所能接受的全部，那么，它们就会让你忙得不可开交，占去你所有的时间。但是，你完全可以做得更多，非常非常多。

作为一个人，你有能力获得各种难以想象的成就和创造力。更好地利用时间，多找点事做，就可以让自己生活得更加美好，这是毋庸置疑的。

"做得更多"的一个最大阻碍就是，我们总是依赖于外界的强制力量，需要公司、政府或父母来驱使自己努力工作。有些人知道自己可以并且应该做得更多，但他们总觉得需要有什么人或什么事来改变他们的生活，促使他们努力。"像我这样的年纪"是一种逃避的借口，年龄又有什么关系呢？没有人会因为太年轻或太老而不能去做更多的事情。由于各种原因，我们已经习惯于不对孩子和老人有过多的期望。那么，为什么不去期望？那也是生命中的一段精华时光！年轻人精力充沛、活力四射、抱负远大、想象力丰富、有大把的时间；老年人则睿智、经验丰富。我们为什么要让这些成熟稳重的老年人退休？事实上，退休根本就是子虚乌有之说，那是对智慧的一种极大浪费。是谁说你会被时间所淘汰的？

我认识很多人，他们承受着各种各样的压力，生活环境也很窘迫。他们要照顾有缺陷的孩子，同时还有很多其他的工作和责任，但是这些都只会激励他们。事实上，我们基本没有什么真正的"更多的事情"要做；大部分人只是受到一些还没有解决或者还没有决定的事情的困扰，从而没有时间和精力去做其他的事。

几年前，我住在杭州的时候，曾经被邀请去管理一个社会福利院的志愿者服务工作，可以安排志愿者去给老人和孩子讲课、唱歌、玩游戏，给不能自理的老人洗头、洗澡等各种服务工作。开始，来这里的志愿者很少，但是我们还是需要一个全职的人员来安排各种不同的活动。大部分志愿者要从事4种类型的义务工作：周日上课、工作日上课、给他们做心理辅导以及帮助福利院的福利事业。那是一些充满了快乐和激情的日子，每个人都有很多的事情要做，而且都能够做得很好。他们很快乐，很有责任感；他们知道自己是被需要的。无论是福利院的工作还是自己的工作，他们都能兼顾。

后来越来越多的志愿者加入到了这里。很快，一个人只需要负责3项工作就可以了。人们看起来已经没有原来的热情了，好像也没有以前那么多的时间来做福利院的工作就可以了。接着，更多的人加入了这个团体，每个人只需要负责两项工作就可以了。大家做得也都还不错，但是和以前要做4项工作的时候相比，已经几乎没有那种热情了。当这个组织更加庞大，每个志愿者只有一项工作的时候，以前做4项工作都能够得心应手的一些人却开始变得拖拖拉拉。其实，真正的原因是，现在这项工作所带给他们的快乐没有以前多，可是，所有人的抱怨却都是时间不够用！

我们可以在各种工作、各个运动队或教室里看到类似的情形。如果要求比较高，超过了一般的标准——甚至是严苛的——比起在较为宽松的时间下，人们反而可以更为积极和努力地去做得更多更好。

我们当中的大部分人都会有意识或者无意识地去做到一个我们以前能够达到或者能够接受的平均数。如果平均每天能够完成一个报告，那么我们就完成一个报告。如果在有人忙着写那份报告的时候，新的经理走进来对大家说："我以前的下属每天都会给我递交两份报告，如果你们也可以这样的话，我会非常欢迎的。"于是，经理就会每天拿到两份报告，没有人知道为什么会这样；尽管他们完成了更多的工作，却并没有觉得更加忙碌。

一次，在给上海的一个电话公司做调研的时候，我发现，他们最优秀的一个保洁人员每天也只能清扫两间休息室。休息室清扫得非常干净，走进去，几乎明亮得让你睁不开眼睛。所以，这个人和老板一直受到大家的赞扬。老板以前从来都没有因此而受过表扬，也就认为一切都很好。但是，即使是一个看门的人每小时也可以清洁一间45平方米的休息室。我告诉老板，这个把两间休息室打扫得干干净净的人，其实每天可以很轻松地多打扫17间休息室，而且根本不需要紧张地工作就能够打扫得同样干净。老板于是就指派他每天去打扫19间休息室，他现在就是这样的工作量，也确实每一间休息室都打扫得跟原来同样干净。

电影《人猿泰山》的主演约翰尼·韦斯穆勒，在那个年代保持了多项世界游泳纪录。很多年之后，这些纪录仍然没有被打破——因为没有人能够像"泰山"那样出色。而现在，即使是十三四岁的孩子也能游得比"泰山"想象中的还要快很多。

你能做得更好吗？你能做得更多吗？当然可以。你羡慕的那些能干的人做到了，而他们中的大多数没有你聪明、没有你学历高或者没有你年轻。你什么问题都没有，也许只是从来没有认真地想过要去多做一些事情，也许是没有意识到这样能给你带来什么好处。对我们来说，形成一种习惯或找到一套做事的方法是很容易的，所以，除非竞争对手彻底地击败了我们，取代了我们的位置，摧毁了我们的意志，有时甚至是破坏了我们的关系，否则我们不会认为自己的习惯和方法有什么问题。

» 成就是最大的动力

梦想成功、下决心要取得成功、别人成功的故事或者对成功做好了计划，这些都无法与真正成功的滋味相比拟。为某件事情做好了准备确实可以产生一些热情，但是没有什么能像"做完了""我做到了""成功了""任务完成了"这样让我们兴奋不已。一旦克服了困难，哪怕只是一两个小小的困难，你都会精神振奋，准备向着下一个目标前进。对于成功者来说，一个成就只会激励着他们去取得更多的成就。是的，你可以完成更多的工作，一旦你开始了，就永远都不想停下来。

我们需要什么样的能力

无论什么时候，只要我们下定决心提升自己或者改变自己，似乎总是会有一些怀疑的阴影让我们放慢脚步，阻止我们前进。现在，认真地问问自己："我必须要做（购买、学习）什么才能够取得更大的成就？"放松点——其实没有什么困难的、特殊的或者昂贵的东西。事实上，看了下一章你就会发现，完成更多工作其实是从少做一点儿开始的。

做一做下面的这个工作能力测试，看看你是哪一种生产者。仔细看每一个问题，回答为"是"就得 1 分，最后把你每一列的得分加起来参照测试结果看看。

工作能力测试	
效率低	**效率高**
◎ 经常迟到	◎ 总是提前到
◎ 完成较少的工作	◎ 完成较多的工作
◎ 失败时垂头丧气	◎ 失败时不气馁
◎ 逃避艰苦的工作	◎ 享受艰苦的工作

◎ 贪玩　　　　　　　　　　◎ 适可而止地娱乐

◎ 总是看表　　　　　　　　◎ 与时间赛跑

◎ 喜欢回忆　　　　　　　　◎ 从过去获得经验

◎ 自制能力差　　　　　　　◎ 自制能力强

◎ 嗜睡　　　　　　　　　　◎ 睡够就起

◎ 沉迷于电视　　　　　　　◎ 很少看电视

◎ 消极　　　　　　　　　　◎ 积极

◎ 凡事找借口　　　　　　　◎ 创造机会

◎ 按照惯例做事　　　　　　◎ 勇于创新

◎ 需要督促　　　　　　　　◎ 做事主动

◎ 凡事不能坚持　　　　　　◎ 不易放弃

◎ 跟从者　　　　　　　　　◎ 思考者 / 领导者

◎ 抱怨世事不公　　　　　　◎ 接受不公平的事情

◎ 等待　　　　　　　　　　◎ 如果需要就走在最前面

◎ 需要安全感　　　　　　　◎ 喜欢冒险

◎ 慢步走路　　　　　　　　◎ 快步走路

总分 ＿＿＿

测试结果：

13~20分：把这本书读两遍，并且马上实践。

11~16分：还不够好！把这本书看完，你一定会做得更好。

9~15分：一般。没有成为一个真正的高效者。

4~9分：为自己骄傲吧（继续保持）！

1~3分：你太棒了，没有人能做得比你更好！

总分 ＿＿＿

测试结果：

18~20分：你太棒了，没有人能做得比你更好！

13~17分：为自己骄傲吧（继续保持）！

11~16分：一般。没有成为一个真正的高效者。

9~15分：还不够好！把这本书看完，你一定会做得更好。

1~9分：把这本书读两遍，并且马上实践。

第三章

减少才是真正意义上的增加

我们是不是经常发现，当我们想把精力集中在某项任务或者某个目标上的时候，总是有几十件（甚至上百件）其他的事情在纠缠着自己。它们在我们的道路上跳跃着、拥挤着、高挂着、撞击着——造成困扰，消耗时间。这些事情并不一定都是不好的，也不是说它们永远都没有用。但是，目前它们确实应该被放在一边，让你可以做手里的工作。

　　我们可以看到，通常，减少才是真正意义上的增加。

　　你会非常喜欢这一部分，我将教你怎样获得更多的时间，而不是用厚厚的写满计划的本子或复杂的文件系统来使你不堪重负。我不会向你推荐任何程序、学习班或课程，也不会教你什么理论、公式或者巧妙的策略；我不会要求你做任何训练，只需要学习舍弃。

　　舍弃的意思是，无论是什么阻碍了你的前进，都把它抛掉、扔掉、丢掉、倒掉。这样，你就有"时间"了——你要做的工作都会显现出来，你可以把时间花在它们上面。

　　我知道你现在希望我说得详细一些，那么，让我们来看看那些一天 24 小时都在纠缠着你的事情。其中有一些确实是好的、值得做的；但是如果这样的事情太多的话，也会成为一个大问题的。

没用的东西和混乱的状况

要成为一个高效率的人，首先要做的就是别再把事情堆积起来，立刻清除一些没用的东西。换句话说，就是扔掉垃圾。

不仅仅是要把阁楼里、车库里、壁橱里的垃圾（以及那些我们花了很多时间去购买、储存、整理、分类，却没有用的东西）扔掉，还有一些垃圾是无形的，例如浪费时间的习惯、无谓的交际等，也将它们一起扔掉吧。

去芜存精是需要时间的——我们要放下架子、卸下包袱、抛弃身心的浮躁，这一点不是一定要有很高的学历才能明白。这么做是理所当然的，却很少有人能够做得到。通常只有在万不得已的情况下，或者到了必须打起精神做得出类拔萃，达到自己最佳状态的时候，我们才会去改掉一些琐碎的习惯。

一些有竞争力的游泳选手会剃掉头上、腿上、胸部和腋窝的毛发——甚至于所有的毛发。因为无论是头发，还是泳衣上的一颗纽扣或者徽章都会减慢自己的速度。

整理那些没用的东西，把它们丢掉，这是件很有趣的事情；你不会损失什么，但是肯定能够得到一样宝贝——更多可以利用的时间。

» 扔掉多余的东西

我发现，即使是在人生中最为忙碌的一段时间里，丢掉没用的东西几乎仍然可以让我的效率提高一倍。

没用的东西和混乱的状况充斥在我们的家庭、生活和工作中，浪费了很多时间，扰乱了我们的情绪。除了金钱之外，这些可能是最容易导致争执、家庭纠纷、生意失败的东西。你有没有停下来计算过，在这些事情上你消耗了多少生命和时间？

干净整洁和有条不紊是提高效率的最好办法之一。如果我们总是要去翻箱倒柜地找东西，或者不得不在杂物中挤来挤去，就不可能非常成功。把没用的或者已经不需要的东西到处乱放，就好像在已经建成和粉刷好的建筑物上留着脚手架一样，看起来既糟糕又碍事。

如果事情做完了，就没有必要到处扔着碎料，以此来证明你从事过这项工作或者表明你是如何进行的——事实上，新事物本身已经说明了一切。而且，如果周围充满了废物，即使你觉得这些东西是有一定价值的，也得花大量的时间去摆放它们、养护它们和保存它们。我们拥有的东西越多，就越会积攒更多的东西。

把那些没用的、不想要的东西都丢掉，不要对任何不能给你带来回报的东西动感情。最好的生产者很少捡废物。

» 压缩你的工作清单

现今，无数的事情正在进行着，即使是非常恬静的生活，比起 20 世纪早期演说家的生活，也要丰富 3 倍。各种信息、事件、提议和机会不仅仅是出现在我们周围，简直是充满了我们的生活。即使站在原地不动，10 分钟之内发生在我们身上的事情也比早些年代 10 天发生的事情还要多。

我们每天都面临着无数新的可能和新的问题，对它们进行分类和处理会花费大量的时间。尽管这些确实也是工作，却是没有产出的。即使你哪儿也不去，什么也不做，也会很容易让你变得衰老、疲惫、烦躁不安。"我忙了一整天，都快累死了，可是却没做什么事。"这样的话你听过多少次，又对自己说过多少次？

在我们努力处理这些事情的过程中，大部分人都会尽量遵从"根据优先顺序安排工作"这一重要的做事原则。但是，如果只是简单地将你要做的事情按照重要性排列起来，除了令你觉得更加紧张和不堪重负之外，并不能帮助你实现任何目标。首先，在做任何事情之前，那些没必要的东西，还有大部分重要的管理词汇，例如"合理安排""优先顺序"等，其实你不会在上面花什么力气，所以把它们都忘了或放在一边。

别坐在那里试着将1万件"要做的事情"进行优先顺序排列——那只会耗尽你的时间，给你带来困扰。从每天围绕着我们的许许多多的事情中，把真正必须要做的找出来，这比给它们排列顺序重要得多。要成为一个能干且有进取心的人，第一步就是要抛弃那些你并不是真正想要，也不是真正需要的事情和选择——这些东西只会使你感到迷茫。相对于1万件事情来说，我们每年把1200件事情按照优先顺序排列，要容易得多，而且这些事情也更有可能做得到。

» 卸下多余的包袱

即使是有用的东西，如果太多的话，也会使你陷入困境。随时随地背着多余的包袱，对实现目标只有损害，而没有帮助。如果花大量的时间来寻找设备和助手，完成一项工作的时间很可能会变得遥遥无期。完成一项任务可能需要对用到的所有人和物品都妥善地安置、运送和照管。

这些年，我发现越是精简设备、交通工具、书籍和衣物，腾空我的旅行箱和衣橱，我就越是能做更多的事情。以前，在开始新任务的时候，我必须得用一个大袋子把所有的东西都装起来。后来，我开始慢慢地缩减袋子的体积，把重复的东西拿出来，只留下一些必需的，我发现自己还是能够想办法完成工作——现在，我已经不需要那么多东西了。我曾经在自己的工具箱里装了一把大斧头和一个短柄斧；而现在，我只有一把中等大小的斧头，少了一把斧头就意味着少了一件有可能会丢失、需要我去寻找的东西，并且其他人从我扔在地上的工具箱里拿东西时的抱怨也会随之减少。

噪声和干扰

在一个清洁用品商店里，一个兼职人员正在努力地做着盘点工作，但是他的效率并不高——因为他不仅开着收音机还开着电视。他的同事问他："你这样怎么能够集中精力呢？"

他却认为："我必须要有一些声音才能够专心工作。"

日光灯的电流声、机器的轰鸣声、音乐或电视的吵闹声、永无休止的交通噪声、身边清晰可闻的谈话声……人们可能认为，他们不会被这些事情所干扰。但是，总有一两种干扰会影响你，扰乱你，分散你的注意力。

据说，一些轻音乐或无规律的噪声可以提高工作效率，但是一般传统的研究结果还是认为，高效的工作并不需要过多的噪声。

人的大脑会接受并且处理所有的外界输入，因此，任何噪声都会对我们产生影响。即使你是在做一件非常得心应手的事情，干扰也会赶走你的灵感，消耗你的精力。我以前认为，有些东西也许会扰乱我，但是绝对不会完全转移我的注意力，然而现在我知道，持续不断的干扰最终会让我彻底停止手中的工作。就像令人讨厌的苍蝇——开始它的嗡嗡声很小，可是渐渐地你会觉得它的声音越来越大，越来越大，直到你无法忍受，恨不得立刻打死它，让这种嗡嗡声停止。

高效的工作者能够意识到他们会受外界的干扰，并且主动避免这种情况。噪声和其他干扰都会延长有效工作时间。

打断

　　如果你要完成某项工作，就一定不要让其他的事情来打断你。说来容易做来难，是吗？有些人认为，不被打断不仅仅是不切实际的，甚至是不可能的。但情况并不总是这样。

　　一旦从喧哗和混乱中解脱出来，我们能做的事情多得让自己都会感到吃惊。随着年龄的增长和智慧的增加，我花在所谓"办公室"这个干扰集中地的时间越来越少。曾经有一段日子，我每天早上一起来就赶往办公室，到了那儿，我忙着和来访者打招呼、清理垃圾邮件、闲聊，除了这些乱七八糟的事情，开始工作的前两个小时，我什么也做不了——我永远也别想开始或完成什么工作。最后，我不得不开车到两个街区之外的公园里去，在那儿花上一个小时来完成我每天的工作——没有人会打断我。

　　中断会阻碍我们的进度，影响我们的心情。电话也是一样，它会无情地打断我们的工作。在持续不断的干扰下，我们很可能要花上3天的时间才能完成半天的工作。

　　被打断之后，我们就要不停地重新安排，重新开始；重新安排，重新开始；重新安排，重新开始——这比一次性地将工作完成要困难得多。

» 因为中断而损失的时间有多少

想象一下这样的情况：我们刚刚开始一个项目，仅仅因为某个工具或物品的问题，我们不得不一次次停下来，然后再重新开始。这样下来，其实你只有半天的时间在工作，而另外的半天都被打断了。外界不确定的干扰也会产生这样的影响，你很容易就会花去一天的时间来处理那些让我们分心的事情，而不是进行工作。如果你不相信的话，试试下面的小练习。

1. 早上起来的时候，将你今天要做的事情用1、2、3、4这样的标号列出来，写在一张纸的顶端。

2. 用另外的标号在纸的下半部分写一个"中断"列表，在标号后面留出空白位置。

3. 开始工作，并且计算你花在每一件事情上的时间，精确到分钟。

4. 每次被打断的时候，在相应的位置上写出中断的原因以及所花费的时间。

坚持这样做一两天。如果你还有什么怀疑的话，在这个试验结束之后，把那些因为被打断而浪费的时间加起来。计算一下，用这些时间你本来可以完成多少个计划中的工作。

» 控制来访者

让自己忙于工作，而不是忙于应付客人。一位成功人士在总结她的成功经验时说："你不可能在完全属于社会的同时还能完成很多事情。"我们生活在这个世界上，人和人之间互相影响，互相友爱。但是，过多过频繁的联系会让我们没有办法去完成更多的工作。

有人造访是一件令人快乐的事，社会也是千姿百态的；这些都是让我们能够生活得很满足的一个重要原因。但是，当你必须完成某个工作的时候，一定要能够消除这类事情给你带来的影响。

在这个问题上，你至少应该做到一点，那就是不能只要有人提出，就随时接受全部的邀请、参加所有的聚会、参与每一件事或停下来聊天。这样做并不是因为这些事情有什么坏处或没有价值，只不过是因为它们大部分都不是你真正要做的事情。它们会让你偏离自己的目标，将注意力转移到其他的方向上。

记住，你可以管理自己的时间，而不是任人摆布。你是唯一一个可以让自己的工作不被打断的人。"我希望他们能让我自己待着"，这是一个很软弱的请求。你必须采取一些措施，可以试试下面这7种办法：

1.让所有人都知道你的工作方式——什么时候有空，什么时候比较忙。让他们尽量在你空闲的时候来找你，而不要在你忙碌的时候来。

2.告诉别人你"不喜欢被打断"（这样说会让人觉得很奇怪，但是它至少可以解决你50%的问题）。

3.对于约会礼貌地提出自己的要求：至少需要提前通知。这样你便可以更容易地专注在自己的事情上，提高效率。

4.让自己忙碌起来。当有人不期而至的时候，要表现得很忙碌，就好像正在处理什么事情一样。那么，你既可以停下来，也可以继续做事。95%的来访者都会接受这样的暗示；而其余的5%是很健忘的，他们绝不会因此而生气。这种做法会帮助人们得到一个信息，他们会认为你"总是很忙"，可能会和你聊10分钟，但不会一说就是两个小时。真正的忙碌能够限制和消除一些无关紧要的打扰。

5. 重新布置一下你的办公室，让它变得不是那么闲散。桌旁的椅子只会邀请别人到你这里来坐下聊天。

6. 主动去结束干扰。你可以经常用一些比较婉转的说法，诸如"嗯，很感谢你的造访"，暗示你要去做其他的事情了。如果这样不管用，你也不用再拐弯抹角、支支吾吾、闪烁其词，可以直截了当地说："哎呀，你来得真不巧，我正有事呢。能不能另外约个时间再谈（再聚）？"那么，你就可以控制这些混乱的局面，做更多的事情。

7. 如果上面的办法全都不奏效，那么就让这些人来帮你干活吧。给他们一顶安全帽、一块抹布、一支笔或其他什么东西，请他们帮你干点什么。

随便给自己找个什么活儿，但是一定要让自己动起来。有些人在来之前已经提前预约过，还有些人正好是你想要见的，他们的到来就会大受欢迎。而有的人却是突然出现，打断了你的工作，对于这些人，你只要简单地表示一下你的欢迎和歉意，然后就可以去继续完成自己的工作了。你可以说："对不起，我一定要在中午之前将这个包裹邮出去。衷心地希望你在这里待得开心。"

无休止的报告

始终关注事情的进展是很好的，但有时这样也会让你偏离自己的目标很远。即使你能够很好地掌握某一个项目的每一张图表和每一段内容，也可能无法实现你原来设定的目标。也许你应该意识到，自己把更多的注意力和认可都集中在了报告上，而不是结果上。

如果总是忙着向别人解释，告诉别人自己能做什么，通常我们就没有足够的时间和精力来工作了。有些人热衷于跟踪事情的进展、写报告、整理分类等工作，而忘记了我们的主题是事情本身，并不是报告。

虽然我们必须做报告，但是这些报告都是被动的。它们只是生产计划或生产记录，而不是生产本身。关注事情的动向对任何工作的完成都是很有帮助的，但是我们的目标是完成工作，而不是去衡量它或者给它打分。

财务问题

　　总是为了经济问题——平衡账目、募集贷款、借钱以及其他所有琐碎的问题——而烦恼，是对时间和精力的不必要的浪费。如果你时时刻刻都在为了改变经济状况而奋斗，那么生活就会变得非常艰难。

　　有一个创业颇为成功的人对我说："在我的职业生涯早期，为了扩大公司的规模，按时给员工发工资，我每天都要花 3 个小时想办法四处筹钱、转账、削减开支。无论是醒着的时候还是在梦里，有一半的时间我都在想着这些财务问题。如果我用这些时间来思考一些更有建设性、更积极的事情，现在我很可能已经拥有 3 家银行了。"拉伸身体对健康很有好处，但是，过分地扩展和夸大经济问题就很不好了。你有没有计算过，自己为了想办法赚钱，花费了多少的时间和金钱？

　　我们大多数人都会假设，因为一些不能控制的原因，自己在生意上资金短缺或在生活中捉襟见肘。但是，几乎没有什么经济状况是我们不能控制的。你能怪谁呢？通常来说，我们都是自作自受——我们的没有节制和没有原则造成了这样的局面。我决定不再透支，不再因为自己的问题而诅咒银行和税务部门，要开始预先理财而不是让财来理我（赊账）。从那以后，我拥有了更多的时间，多得让自己都难以相信。

　　放轻松一点儿，你就能缓解自己的经济压力。要强迫自己储蓄；不要把最后 1 分钱都花掉；别指望着一夜暴富；别把手伸向那些已经有用处的钱。为经济问题而苦苦奋战——谈论、争吵、掩饰、应付、辩解、算计——消耗的精力比体力劳动所消耗精力的两倍还要多。这种经济上的战斗或许是你现在最没有产出的活动之一。这样的状况很容易改变——只要不再为金钱而担忧，你的个人效率就会疯狂地提高。

不健康的习惯

　　当然，生活方式是你自己的事。但是，要做一个精力充沛、有效率的人，就有一些必然要遵守的法则。懒惰和没有毅力的人是很难获得成功的——即使是世界上最得心应手的工具、最聪明灵活的头脑、最完美的计划也不可能让一个懒散的人变得能干。要完成更多工作意味着要流更多的汗、出更多的力。即使你从事的是脑力工作，也需要付出体力。

　　如果你的健康状况不太好的话，那么首先要做的就是改善这一状况，这样才能让你真正地精力充沛。如果身体不好，不仅仅是我们自己会感到不舒服，那些祝福我们成功的话语和鼓励也都会变得毫无意义。

　　如果你患有一些无法治愈的疾病，那么，你能做的事情可能就会受到一定的限制。但即使是这样，通常你也还是可以去突破这些限制的。90% 的人并没有什么遗传性的生理疾病，我们可能只是太胖了或缺乏锻炼，所以肯定有办法可以增强体力，提高能力。

　　我有一个朋友，晚上经常要打上三四个小时的牌，而且喜欢边打牌边吃外卖、喝啤酒——这当然会让他长胖。所以，第二天下午，为了减肥，他要花两个小时狠狠地惩罚自己——跑得大汗淋漓。但是，这样的减肥方法并不奏效。也许他非常喜欢自己晚上的那些活动，但是却为此而付出了巨大的代价。他没办法像自己梦寐以求的那样，成为一个能干的人。

不良的饮食习惯或经常服食药物会损伤你的身体——这种损伤有时甚至是永久性的。如果你终日萎靡不振，觉得自己就像是一个歪瓜裂枣，又怎么可能出类拔萃呢？

社会上流行这样的看法，认为"寻欢作乐"——通宵派对、饕餮大餐、看戏、沙滩上的日光浴——能够让我们活得更长更好。但是，和这些相比，其实工作才是保持身体健康最好的办法和特效药。

如果你没有特别强烈的欲望，想要减肥或者改掉那些你明知道对自己没有什么好处的习惯，那么就努力地工作吧。这会迫使你开始强健自己的身体。事实上，承担更多的责任对保持身体健康很有好处；工作和成就所能够带来的身心健康的改善是非常令人吃惊的。对于很多疾病，工作——认真而努力地工作——就是最好的治疗办法。当你的努力有了回报，这种快乐是其他任何次要的事情都不能比拟的。

» 可以改善的健康问题

我们每个人都或多或少有一些健康方面的困扰：也许我们的某颗牙齿出了问题，但是又不想去医院，所以只能用另一侧的牙齿来咀嚼食物，而且不能吃某些东西；脚受了伤，但是又觉得打上石膏太不方便或太贵，也可能只是想再拖一拖，所以宁愿一瘸一拐地走路，要不就在家里躺上几天。

这些健康需求和健康问题都是真实存在的，其结果也是必然的，拖延只能让我们花更多的钱，忍受更多的痛苦。也许我们整天都无法集中精神，只想着那颗疼得要命的牙齿，还有即将来临的拔牙的痛苦。要不就是无止境地担心情况会变得更糟，而不是想办法解决问题。在一天中，这些事情耗尽并占据了你大部分的"时间"。

如果问题的关键是你没有钱给脚打上石膏，没有健康保险或者保险的额度不够，那么，要解决这个问题，除了已经想到的方法之外，你还可以有更多的选择。很多大学都有诊所，那里的费用会比较低。一些保健单位经常会有不定期的优惠活动，你也可以去看看。

　　通常，如果看看自己今后一两年的用度计划，你就会明白，把钱用来做体检或牙齿美容远比用在其他地方要好，这会让你觉得自己是完美无缺的、是健康的。

过多地参与社会活动

人们总是喜欢凑在一起聚会、消磨时间，生命就这样不知不觉地流逝了。快乐是很快乐，而且聚会在我们的生活和情感中确实也非常重要。但是，沉迷于聚会并不是长久之计。生活不是一次聚会，把世界上的每一个社会问题都暴露出来或在那里夸夸其谈，这并不能让你获得更多的成就。

在会议和贸易展览的某些场合，例如，在鸡尾酒会上我被邀请发表讲话或演讲。人们挥舞着手臂，而且常常笼罩在雪茄的烟雾里，紧紧地抓着一杯冰冻饮料，好像那是他们的生命之泉。大家的交谈充满着欢声笑语，人们互相拍打着肩膀，虚伪地应酬着。鸡尾酒会应该是人们状态最差的时候了。各种社会活动让我们舒适放松、思想游离。大部分的客套话，比如"我会打电话给你""记得给我消息""事情进行得怎么样了"，都会被我们忘记，相对于那些要做的工作，这纯粹就是在浪费时间。甚至于你在哪里遇到了什么人，当时的情况怎么样，也会变得很模糊，无法正确地回忆起来。

人们会告诉你这个派对很有必要，为了相互了解、保持联系，或者是为了发展你的事业、推销自己。但是，如果你能在一个真实的情况下——工作的场景中——表现得精神饱满、准备充分，那么，第二天早上，最让人印象深刻甚至是让人妒忌的人一定是你。

围着吃饭打转的生活

如果美食是你生命中最重要的，你的一切安排都围绕着它，而且你并不打算改变这个状况，那么你就别指望成为一个很能干的人。例如，在我的一个朋友刘明的承包公司里，有一次接到了一项大工程——粉刷医院，整整112个粉刷工人等着脚手架送来好开工。最后，脚手架好不容易送来了，晚了45分钟。他的解释是："哦，我今天没有吃午饭，所以停在路边吃了一点儿饭。"

他并不知道，偶尔少吃一顿饭、晚点吃或吃快餐，就可以赢得一天或一个周末，你可以用这个时间来完成工作、陶冶情操或者帮助别人。

如果你发现自己走路很快，做了很多事情，以至于已经忘记了"我今天吃饭了吗"，那么，你的自我约束能力就近乎炉火纯青了。三餐吃好、规律饮食，并不意味着我们的生活要像很多人那样，围着食物打转。不要让吃饭成为你成功的绊脚石。在平时的工作日，吃饭就是为了给我们补充能量，将它弄得过于讲究是很没有效率的。也许有的人每天要花费三四个小时来吃饭。其实，即使你每天吃饭的时间只有一个小时，也是可以在餐桌上享受美味和天伦之乐的。

有时候，在单调的、冷冰冰的办公室里做不到的事情，在商业午餐或晚餐的饭桌上却可以谈成。但是，这样做的回报率是很低的。

我刚开始外出旅行的时候，效率似乎下降了，我做不了以前那么多的事情了。为什么？每到一个城市，就会有20多个出版社、电台、电视台或其他的人邀请我——他们特别的客人——吃饭，他们总是会挑选全市最好、最正规的酒店。出于礼貌，而且有时也确实很饿，我一般都会去。每一个这样的夜晚，有不一样的人，在不同的城市、不一样的地方，以及美味佳肴和知名大公司。但是，有的晚餐，从我离开酒店直到回去，要花3个小时甚至更多的时间。其实我们也没谈什么正事；环境十分吵闹；食物也非常昂贵。我突然意识到，在这次旅行中，我每周光是吃饭就花掉了30个小时。

现在，即使独自一人在一个不知道是什么名字的地方，我也很少出去吃饭，这样就能够做更多的事情。我的身体也变得更健康了，而且不去花几百美元吃一顿饭，也不会冒犯任何人。我再也不必因为过分的"礼仪"、嘈杂、排队和拥挤而生气。把省下来的费用花在有用的地方，每周的那30个小时也回来了。

购物

　　购物是最没有效率的消遣之一。在需要的时候去购买你所需要的东西，这是很必要的，也是生活的重要组成部分，但我所说的"购物"不是指这个。大部分喜欢购物（是指毫无目的，在商场和购物广场闲逛，所有流行的东西都要去看看）的人，效率都很低。延伸开来，购物还包括过多地关注流行趋势，这不仅会浪费大量的时间，还会降低你的判断力，把你搞得迷迷糊糊的，买回一些你根本不需要、不想要或者负担不起的东西。高效的生产者也买东西，但是很少逛商店。那他们就买不到便宜货了，你这样认为吗？买东西用的时间少，确实是会多花一些钱，但是这样可能比拖拖拉拉、耗费大量的力气，只为了省一点点钱要好得多。

虚荣心

　　竭力让自己在一群人中成为最令人瞩目的一个，这会花掉你很多时间。过分在意你的房子和车子的外观或者价格，想让自己变得善于交际，也是非常浪费时间的事情。谁会真正在意这些呢？如果你拥有一些别人没有的东西，人们反而会因为你比他们强和你的过分卖弄而讨厌你。而那些各方面都和你差不多的人也不会喜欢你，因为你总是在想方设法地要超过他们。比你更出色的人，例如你的客户，他拥有悍马车、房子有两个大露台、像体育场那么大的室内游泳池，会认为你根本没有理由这么自命不凡。

　　拥有很多好东西是没有意义的，那只会给废品商和保险公司带来利润——所有这些都是要花费时间和金钱的。

想要穿得漂亮给你带来的压力

想知道我们一生中花在衣服上的时间有多少吗？你只要算一算我们用了多少时间来挑选衣服、穿衣服、搭配它们——所有我们在别人和镜子前面搔首弄姿的时间就知道了。速度快的人希望穿衣服的速度也很快。例如，有一次，妻子帮我收拾衬衫，问我想穿哪一件。"多产的那件。"我回答。她困惑地探出头来："请问，哪一件衬衫是多产的？"

"袖子上没有累赘的两粒纽扣，领尖上也没有纽扣的那一件。"要穿上那样有纽扣的衬衫，再把它收拾整齐至少要花 3 倍的时间。一般来说，衣服上的花边、纽扣、带子、摁扣、配饰和缝褶越少，我就越喜欢。

对珠宝来说也是一样，需要花时间挑选、佩戴、摘下——更不用说还要保护，如果不小心放在什么地方或者掉在下水道里，还要花时间寻找。

奇装异服、穿着大胆也会降低工作效率。因为衣服的限制，我们不能走得太快、不能弯腰、不能登高甚至于不能深呼吸。我们全部的心思都用在想着自己看起来怎么样，已经搞不清楚要做些什么事了。

"穿得像要去跑步一样"也许听起来有点夸张，但这确实会提高很多人的速度。原则上说，穿得过于复杂或者太有风格的人是所有人中速度最慢的，也是最能浪费时间的。

过分关注其他的修饰和装扮，从头发的保养到化妆品也是这样。如果让这些没用的东西支配了你，你就不可能很有效率。

不管是在办公室、课堂上还是在家里，生产力都比一套衣服、一瓶香水，以及诸如此类的东西更便宜、更有效率。喜欢做事的人是不会在意自己穿着什么衣服的！

垃圾读物

一般来说，在阅读的时候，我们都能自然而然地体会出一本书的价值。现在这个时代，是不会缺乏各种读物的。每年有数万种新书印刷发行，还有数以千计的杂志以及世界各地的日报或者周报。如果你所阅读的东西是有益的、有价值的，这样的阅读就能带来收益，是令人非常愉快的消遣；反之，你就是在浪费时间和你的脑细胞。

毫无疑问的是，很多在市场上兜售的书并不是那么有意义。例如，现在的很多杂志（除了技术性的刊物）都会尽量地保持中立、迎合读者。任何标准比较严苛或者会改变你的行为和购买习惯的问题，他们通常都不会触及——尤其是在有可能得罪广告商的时候。如果我写了一篇文章，是关于目前吸尘器行业的暴利行为的（200 元的东西卖到了 5000 元），即使这是真实的、有用的、能帮你省钱的，你认为你最喜欢看的家居杂志会刊登吗？绝不会！这会让他们损失几十万元的广告费。同样，那些充斥在机场等地的垃圾读物对你的生活是毫无用处的。

把自己从垃圾读物中释放出来吧，你可以有更多的时间去做自己想做的事。

"没用"的资料

花时间去关注影视明星绯闻的细节，会不折不扣地影响你的体力和脑力（包括你的计划）……为什么？

一天，在电视上看到自己喜欢的球队输掉了一场比赛，对我来说，那个时候才是真正意义上的回家。我真的是完全进入了比赛，就好像身临其境一样。关掉电视之后的几个小时，我都非常暴躁、疲惫不堪。我发现类似这样的情况发生了好几次。我意识到，如果接下来我准备做点什么的话，就不能看电视。不要让那些虚幻的、没有回报的事情刺激自己的神经。

在类似的事情上，全世界每分钟所浪费的时间是几百万个小时。例如，最近，一场台风将要登陆东南沿海。这是历史上最大的一次台风，每个人都被告知要做好准备。当时，光是新闻报道已经不够了，所以网上开展了一个活动，讨论如果台风来了，将会怎么样。整个活动持续了4天，在这4天里，大家都非常紧张，一直在想办法解决一些根本不存在的问题。这4天，除了纸上谈兵，大家什么也没做。台风来了，又很快刮了过去，根本没有想象的那么糟。类似这样的事情会消耗你的时间和精力，却什么实际效果也没有。

去担心一些我们没有办法控制的事情或者和自己完全无关的事情，会花掉你很多时间。有一些事情，对你和其他任何人都没有丝毫意义，你却经常花整整两个小时来理解、谈论和思考这些问题，为这些问题感到快乐或担忧，这显然是有害的。

日常琐事也会影响我们的生活，浪费我们的时间。一份报纸上有某个名人鞋子数量的准确计算和描述；对失败者生活的详尽赞美；对一个我们根本就不需要的新玩意的连篇累牍的描写和称赞；奥林匹克运动员尿检报告的摘要；年度名人最尴尬瞬间的排名，等等。这些无聊的东西会引导你的生活，你也可以让自己来引导自己的生活。选择哪一种方式与你是否能够成为一个高效的生产者有很大的关系。生活中有很多毫无价值的东西，就算是一个大人物，在这些东西的海洋里也会迷失方向。即使是在将来，这些东西也没有什么用。你没有必要浪费时间和精力去过日复一日琐碎的生活。

你自己就可以建立价值判断的标准——你知道什么事情对自己的生活和目标是真正有用的，而什么事情是没用的。如果对于一件事情，你什么都做不了或者它对你的生活和其他你所关注的东西没有任何影响，就不要浪费时间去为它争论、担忧或对它期望过高。丢弃这些东西，你将赢得很多时间，你将会创造新闻，而不是阅读新闻。

为打翻的牛奶而哭泣

我曾经打碎过一扇窗户，为此我非常沮丧。"不要为了打翻的牛奶而哭泣。"母亲这样对我说。那年我8岁，看不出牛奶和窗户之间有什么太大的关系，但是现在我明白了。在时间的利用上，一个最可怜的办法——事实上，也是最没用的办法——就是"焦虑"。如果有些事情已经成为既成事实，其后果已无法改变，为此而着急、后悔、愤怒、烦恼，对我们生命的每一分钟、每一小时来说，这些都是完全无用的浪费。

在一场争论或者一个事件已经发生了之后，自己还整日（甚至整月或者整年）为此而忧虑，就好像没有什么需要洗的衣服却泡好了肥皂水一样，是没有任何意义的。不会有人因为你如此愚蠢地浪费时间而称赞你，无论你是多么认真和充满热情。但是，即使是这样，还是有很多人乐此不疲地做着这种自我惩罚。

在同一个词汇表里，激情和生产的意思是不一样的。因为根本无法改变的事情而处于极度兴奋的状态，无异于是停留在原地不动（甚至可能是向后退），却让自己的精力做无谓的消耗，直到用光所有的力气。

不要花时间和精力来反复考虑那些不可能阻止、不可能恢复、不可能解决的事情以及环境，不要让自己为那些过去所受到的伤害和无力改变的事情而伤感和情绪混乱。为了曾经错过的东西、人或者利益而苦恼，100%是一种毫无产出的活动。

小疙瘩

小疙瘩指的是一直以来让你备受折磨、感到烦恼的事情——通常不是暂时性的，而是那些不断地打搅你、扰乱你、给你带来不必要的压力和焦虑的事情。

一般来说，我们将这种小疙瘩称为鞋子里的小石子，也就是说，你还是可以穿着它走路，但是会觉得很不舒服。要完成更多的工作，就要消除这种感觉。停下来一会儿，脱掉鞋子把石子倒出来，花一点儿时间消除这些干扰是很值得的。

如果你觉得有什么事情在不断地扰乱你，最好是去排除它。这种感觉就好像眼睛里有东西似的，即使是一小截最细的头发丝或者一个最小的沙砾，你也一定要把它拿出来，否则会有危险。如果你不对这些问题保持警惕的话，就会产生一些无法避免的损害。

» 内疚和忌恨

内疚和忌恨是这些小疙瘩中最糟糕的两种情绪。问心无愧是提高效率的不二法门。

孔子说过："君子道者三：仁者不忧，知者不惑，勇者不惧。"这3种美德都能解放我们的时间。如果你分析一下，哪些事情是真正消耗时间和精力的，那么，肯定没有什么比得过焦虑。假如你做了什么坏事，随后，你会一直担心自己会不会被抓住。要是真的被发现了，你又会不断地运用你良好的分析能力和充沛的精力来使自己的行为合理化。所以，如果你真的做了什么让自己无法安睡的事情，去道歉、去忏悔、去补偿或者去做任何事情——但是不要一直背着这个包袱，这会耗光你所有的时间。

像忌恨这一类的不良情绪是对时间和精力的真正浪费——因为你要花很大的力气来记住不好的事情。其实，在脑子里不断地重播我们曾经受到过的伤害，并且喋喋不休地告诉别人，他们说了什么、做了什么，我们又回敬了什么，这些都是没有意义的。不要再去重复这些事了，把它们忘了吧。如果有什么事情让你耿耿于怀，有什么糟糕的情绪影响你的生活，和家里人或者同事有什么宿怨……要么忘了它，把它从你的脑子里彻底地抹掉，要么去找当事人，把问题摊开来解决。

同样地，如果你正背着忌恨的包袱，或者是笼罩在失败的阴影之下，又或者在不断地缅怀过去，那么，忘了这些事吧，要不就随便做点什么来改变这些事——马上就去做。卸下了包袱，你就能够做更多的事情，拥有更多的乐趣。

没有尽到的责任就好像没有支付的账单；只能缓期，最终我们肯定得把这些债务都还清。

——约瑟夫·福特·牛顿

» 气量狭小

世界上的每一个人都会有愤怒、嫉妒、怨恨、烦恼、抱怨和其他很多让人感到遗憾的行为。但是，气量过于狭小的人基本上都不会是杰出的生产者，因为他们的时间都用来计算世界上不公平的事情了。他们把大部分的精力都集中在别人很普通的失败上，对此大惊小怪，而不是帮助自己不断地向前走，去做更重要的事情。

时不时地因为小事而闷闷不乐，或者因为职位的变化、别人的新车等而妒忌，这样就叫作气量狭小。对于心胸狭窄的人来说，任何一点儿小小的错误或者失败都是一件大事。我曾经见过一些人，只是因为在自助餐厅里排队的时候没有等到位置就整整浪费了 3 个小时。他们不停地向每一个人抱怨，插到队伍里来的那几个人是多么的旁若无人和惹人讨厌。这就是心胸狭窄，这只能妨碍你的工作。小气也是需要时间的，而且是成倍的时间。

5 种最浪费时间的习惯

» **喝东西的习惯**

我把"喝东西的习惯"看成是完成更多工作的头号大敌。不管是在办公室里、车里或者其他地方，好像每个人的手里都会永远抓着一杯咖啡，要不就是果汁。总是看到这样的场景真是让人不痛快——更不用说，喝咖啡很容易上瘾、不健康又不雅观，还有清洁整理的问题。最糟糕的是，做这些事情所花费的时间多得惊人，这都是对我们生命的无谓消耗。

例如，一个喜欢喝咖啡的人一生要喝掉7万多杯咖啡。他要找杯子、倒咖啡、加入奶精或者糖、把它放到办公桌上、端起来又放下（这个动作至少要重复10次）、把剩下的咖啡倒掉，并且还要洗杯子。

通常来说，"茶歇时间"基本上不能提高工作效率。而且，在这个时间里，还会传播对老板、客户等的闲言闲语、蔑视以及批评。其实，休息时间可以做一些更健康、更积极的事情。下一次到了茶歇的时候，看看你的周围你会发现，很少或者根本没有效率很高的人在（你应该从中明白一些什么了）。

你可以把时间花在喝东西上，也可以用来完成人生的各种任务。

» 嗜睡

从来都不缺乏对于睡眠的各种分析。如果有杂志想要这样的文章，就一定会有人很开心地去详细解释关于睡眠的艺术，或者提出睡眠需求的新理论。总是有一些革命者认为每个人每天睡 4 个小时就足够了，但是那些坚持每天要睡 8 个小时或者更多的人，也许这一辈子，每天中午都要打个小盹。

大部分人对于自己需要多少睡眠时间都有固定的看法，这完全是个人的事。但是，这里面确实也有一些是因为习惯或者先入为主。如果你想变得更有效率，就限制自己只睡到刚刚好，得到充分的休息就行了。我认识的最高效的生产者都是起得很早的，我几乎从没见过睡懒觉或嗜睡的人能够取得很多成就。试着每天少睡半个小时，让自己保持兴奋，这样你就不会因为没意思而需要打盹，看看你能多做多少工作。

» 娱乐的时间太多

很多人都认为他们需要大量的娱乐来放松自己，否则就会失去平衡。所以，我们买了许多新玩意儿，花了很多钱，如果只是把它们放在那儿，自己一定会充满犯罪感。

娱乐和度假一样，是有生产性的，对于改变你的生活来说也是很重要的。但是，我们的孩子在成长的过程中，更多的是学习如何去休息，而不是学习如何去做或者生产。

别太关注你的生活中的娱乐时间有多少。在我认识的人当中，最充满激情、最生机勃勃、最热情、最乐观、最受欢迎的人，他们的娱乐时间都比一般人少，甚至于几乎没有。大部分高效的生产者都能在工作中找到乐趣。

过多的娱乐是没有好处的；它在其后的几年里也不能给你什么回报，对于建设我们的生活没有什么帮助，也不能给我们安全感。不断寻找快乐的人，只会让自己的生活变得一团糟，让自己变得懒惰而迷糊。娱乐是需要一定的基础的——我们可以称它为"勤勉"，或者，通俗一点儿说，就是"工作"。如果能够做到一张一弛的话，有计划地娱乐是有益健康、有教育意义、有生产性的。

你可以玩纵横字谜游戏来训练自己的英语单词记忆能力，并会在其中得到享受，也可以写文章或写书。你可以骑健身车，也可以出去爬山。为什么不选择一种能带来产出的放松方式呢？

» 当观众

我们都喜欢看球赛、看电影、看赛跑，但是，是否应该很频繁地看呢？不能，这样做只能把我们所有的时间都花光。毕竟，这些只是比赛或者表演，并不是真实的生活。如果花太多的时间来看别人在电影中的表演，我们很快就会从人生的赛场上消失。

当观众是一种很容易让人沉迷的消遣方式，也没有什么产出。我们只需要停下来几分钟，让眼睛代替我们的头脑来工作就行了。有时我们确实需要这样的休息，但是，花大量时间做看客的人很少会赢得很多时间。

一般人平均每年大概要花 2000 个小时来当观众和听众。在这些时间当中，也许一半以上都是在电视机前度过的。这就意味着我们每个人平均每天要花 4 个小时来看电视（一辈子差不多要花 12 年看电视）。一种活动可以占据我们这么多的时间，真是让人惊奇。电视是一种最伟大的浪费时间的办法。一场球赛、一个咨询节目、一两部电影都很精彩，坐在客厅里欣赏是一件很快乐的事。但是，日复一日，年复一年，每天都这样看上四五个小时的电视，就无异于是行尸走肉。

如果你近来没有做成什么事，那么，把电视机搬走，或者用东西把它盖起来，坚持一个月。之后，你会觉得自己好像复活了！你的效率会大大提高，简直让你难以置信，你甚至会觉得自己变得更健康了。

» 沉迷于计算机

我们一直都在处心积虑地寻找工具和资源，让我们做起事情来可以更快更容易，在现有的东西中，没有什么能够比得上计算机！它可以创造难以尽述的奇迹。但是，就像我们生活中的大多数"珍宝"一样，它也给我们带来了过重的负担，金矿的周围总是有很多不值钱的石头。计算机所产生的有用结果常常会被过多无用的东西所掩盖，把它们挑选出来所花的时间，有时会和我们用老办法来做事一样多，甚至会更多。

的确，计算机很容易就能做得比我们想要的更多。它能够提供最好的一切——比赛、购物、投资、新闻、天气、信息、与任何人不假思索的即时联系——哪怕是最先进的电视也做不到这些。我们的注意力很容易被转移，陷入到各种小事里，它们会消耗大量的时间。关键是这些事情做起来很快、很有趣，我们几乎不知不觉地就沉迷进去了。也许我们会因为自己坐在桌边敲键盘，就认为是在思考，觉得自己在计算机上所做的事情就是工作。

我们对计算机的能力是如此的痴迷，以至于要用它来帮助我们判断取舍。我们会发现自己在计算机上花去的时间比做事还要多。在计算机屏幕上出现的警告提示中，比"病毒"更严重的就是"无益的"——如果我们停下正经事去关注或者评论一些突然出现的、无关紧要的、可有可无（却很有趣）的小事，在这个时候，这个词要是能够闪现一下该多好呀！

本书接下来还会列举其他一些浪费时间的事情，但是，你比任何人都更知道自己那些没用的、乱七八糟的习惯。我只是想让你明白，我们很容易就会让自己的生活一片混乱，失去了完成更多工作的机会。你应该把时间用来做那些"想做和希望做"的事情，用来做那些一直堆积在那儿，阻碍你前进的事情。

注意，我并没有过多地教你怎么去摆脱这些琐事的干扰。我只是提醒你注意这些事情，相信你应该知道如何去做。我可以保证，你所获得的时间是值得你去付出的。

在需要的时候，在需要的地方，真正有效率的人会有勇气放弃一些东西。"精简就是高效。"他们这样说。但是，精简并不一定能够带来更高的效率，你还必须要好好地利用这些时间。

我只是没有时间……

我们是不是经常听到自己这样说:"我想的,我愿意的,只要一有时间我就会……"

做完电视访问之后,我又读了一些"时间分析家"(他们主要研究我们是如何使用时间的)的报告。我开始相信,我们每一个人都可以找出几天、几星期或者几年来做我们真正想做的事情。根据这些专家所说,例如,美国的汤姆·海芒在《普通人的一生》一书中提到,人一辈子平均花掉的时间是:

*1086 天用来"沮丧";

* 开会 3 年;

* 看电视 13 年;

* 打开垃圾邮件 8 个月;

* 喝咖啡和冷饮 17 个月;

* 打电话 2 年;

* 排队 5 年;

* 交通堵塞 9 个月;

* 烹饪和用餐 4 年;

* 打扮自己一年半;

* 穿衣服一年半;

* 待在洗浴室里 7 年；

* 购物三年半；

* 找东西 1 年；

* 睡觉 24 年；

这是 10 年的数据，它们当中有一些要做一点儿修改。我可以和你打赌——现在，我们在这些事情上耗费的时间只会更多，而且这里还没有包括一些新出现的浪费时间的事情。列表中的有些事情，你完全可以省掉50%，而且会让你比现在更好。这至少可以给你 10 年的宝贵时间！

令人吃惊的闲暇时间

如果可以按一个按钮，计算一下你去年"消磨"掉的（浪费了的、懒散的、无所事事的）时间，你会发现，我们大部分人都至少有1500个小时的"闲暇时间"。如果这些时间都用来做正经事，看看会让你得到多么惊人的回报，例如：

* 一张 2 万元的支票

* 给主流杂志写 16 篇文章

* 学习钢琴并且获得证书

* 慈善团体、医院探视组织给你发来的 40 封感谢信

* 读 7 本好书

* 把你的住处布置得温馨舒适

* 因为帮助三支青年队而成为年度教练

* 画两幅油画，并且是展览会上最优秀的两幅

* 读完两门大学课程

所有这些成就——或许还可以更多——你只要用那些被你消磨掉的、发呆和浪费掉的时间就可以做到。如果你能够做到这些，一年结束的时候，你认为自己还会懒洋洋地拖着脚步走路吗？不可能！你会像一个充满热情的新手一样，蹦蹦跳跳、昂首阔步。

一天下午，我去找一个一直在为自己的体重而苦恼的朋友。他曾经不断地和脂肪做斗争，时时刻刻感到不是滋味。他坚持节食，从不吃任何奶制品，但是都没有效果。然而，现在这个朋友看起来却非常苗条。"怎么回事？"我问他。

　　"你知道吗，我只是做了一件很简单的事。有人叫我把自己吃的所有东西都写下来，虽然这听起来很傻，但是我真的照做了。每次我吃了什么，我就把它写下来，哪怕只是一小口。哦，我写完了以后真是惊讶极了。我吃下去的东西是我想象的 12 倍之多，我发现自己吃的东西都足够 4 个人吃的了。看起来我并不是只吃了一些快餐，随便凑合了一下。一看到这些数字，我就明白自己的问题出在哪里了。我肯定自己以前不知道自己吃了多少东西！"

　　我们拥有多少时间，又浪费了多少时间，这也是非常令人吃惊的。花一个星期来记录一下你用掉的时间——不管用了多少时间，做了什么，都把它记下来——你就会发现自己做了多少没用的事情。这当中还有很多是你根本不喜欢做的，那么，就把它们从你的生活中清理出去吧。

　　例如，我自己的一个普通的日子，可能会做以下的事情：

* 睡觉——6 小时
* 穿戴——15 分钟
* 吃饭——45 分钟
* 会客或者其他媒体活动——2 小时
* 演讲／研讨会——2 小时
* 写作——4 小时

* 开会——30 分钟

* 处理公司事务——1 小时

* 去教堂——15 分钟

* 打扫房间——1 小时

其他的 6 小时 15 分钟呢？这才是问题的关键。我每天有 6 个多小时可以去做自己喜欢和想做的事情。只要不浪费时间，你也能够做到这一点。

第四章

不是去尝试，而是去做

我们都曾经尝试过，想把一些方向不同的东西组织在一起。但结果总是让人烦恼、很糟糕或者简直成了彻头彻尾的笑话。任务是很清楚的，所有的东西也都摆在那儿，我们也见其他人这么做过，所需要的工具都有，为什么你就做不到呢?

曾经有一次，在没有说明书的情况下，我试着想把某个东西安装起来。折腾了一番之后，我只能躺在床上，不停地诅咒着。这样做事通常要花去 3 倍的时间，因为你总是得反复重来。当事情有方向的时候，做起来就会更快更容易。

做事情找对正确的方向，不要走 S 形的路线，这是很重要的，是我们的动力所在。

有时候，即使运动队里有天才巨星，并且充满着对胜利的渴望，队伍还是会困难重重、徘徊不前，直到聘请了新的教练，找到了方向，情况才会有所改善。如果我们看看大多数十几岁的捣蛋鬼最缺乏的是什么，你会发现，是目标。生意失败、婚姻失败——问问为什么，你就知道，是因为我们没有明确的方向、没有确定的原则以及合理的论证。无论任何人，如果让他承担重大的责任却又没有目标，从一开始，就注定不会成功。

人们的很多目标都是来自于自己的父母和良师益友，并且是在不知不觉间潜移默化中形成的。但是有很多人宁可在前进中不断地修正自己，也不愿意给自己的人生做任何规划。

我想我已经把树立目标当成一件理所当然的事情了。一天晚上，我和妻子进行了一次深入的谈话，我们在讨论如何帮助几个朋友，他们非常沮丧、背负着沉重的压力、壮志难酬。我对妻子说："我不明白为什么会这样——这几个人都才华横溢、受过良好的教育、能力出众，完全有资本去挑选工作、职位或者合伙人。""的确，"妻子说，"但是他们并不知道自己想做什么，不知道自己的方向在哪里。"对啊！他们没有目标。尽管条件比别人好，他们却没有并且也不会好好地利用自己的有利条件。他们只是在生活的海洋里随波逐流，这样或许会有一些惊喜，但是他们却没有真正做成什么事情。另一方面，我也见过一些资质平庸的人，他们让人讨厌、完全以自我为中心，可是他们却干得很好、生活幸福、做事有效率，这都是因为他们有目标，并且能够努力地去实现自己的目标。

人类的目标、人所有活动的最根本共同点、其生存的动力原则，是人长久以来一直在找寻的。如果发现了这个问题的答案，那就必然会导出许多其他问题的解答。它将能解释人类行为的所有现象；它将能导出解决人类大多数困扰的方法；最重要的是，它应该会是有效的。

我们不仅天资聪颖，而且拥有各种熟练的技巧和优秀的才能。我们的感觉是如此敏锐，我们的理解力是如此惊人，我们可以很好地爱、很好地工作。每个人都有这些能力，但并不是每个人都有自己的目标。不管你是否相信，事实就是这样。即使到了 35 岁或者 50 岁，也很少有人真正知道自己正在做什么、为什么要这么做。日子一天天地过去，他们只是被生活的惯性推动着向前走，只是依附着什么人、

什么事情或什么公司，等待着，看他们会将自己带到哪里去。有的时候，他们确实自己选择了住所、选择了工作、选择了配偶。但实际上，他们并不知道自己想做什么，在追求什么。任何事情发生了，他们都只是看着，被动地做出反应。"我要看看怎么样"是他们生活的主旋律。

只有行动不能代表什么（只能证明你是活着的），你的目标才是问题的关键。你可能听过这样一句话："虽然我不知道自己要去哪里，但是我走得很快。"嗯，如果不知道自己要去哪里，也不知道为什么去，你是不可能走得很快的，甚至于在到达目的地之后，你也会浑然不觉。

我们都听过这样的话："哦，他的运气可真好！总是能在恰当的时候出现在恰当的地方。"这不是幸运，这是目标。那个"家伙"选择了自己的道路，选择了方法和时机。人性的弱点有时可能会让我们偏离自己的方向，做出一些让步，也可能会让我们觉得泄气，但是，一旦我们认准了目标，就有了自己要走的路。

我在这里所说的"目标"指的是什么？你所认可的道德标准和健康原则，你希望接受的教育、想要从事的职业，你对社会和其他人的责任，你和家人以及其他所爱的人之间的关系，目标就是指你这些年来对上述种种提前做出的有意识的选择。你不能只是无所事事或者等待着它们的来临。很多人在人生重要的十字路口徘徊，因为他们仍然在努力地寻找自己的方向。如果有了目标，还没到十字路口，你就已经知道自己应该往哪里走了。

不要到了该作决定的时候才去想自己的人生和事业的方向，现在就开始想！如果你只是听从生活的安排或者盲目相信已有的经验——

别人的意见、爸爸妈妈的做法、某个测试所说的你的特性，你就永远不可能获得非凡的成就。你不会是一个有贡献的人，只不过是在做事而已。总有一天，早比晚好，你要面临选择——为一件事、一个目的或者为你的人生选择一个方向。那么，现在就去做吧，这会让你不再徘徊，不再寻觅。

» 当你的人生有了坚定的目标……

1. 你内心的挣扎会减少，而你的力量会增加。目标是世界上最好的动力，也会让你的行为具有非同一般的魔力。我管理着一些年轻人，我发现，一旦孩子们有了明确的目标和理想，他们能够完成的工作就会成倍地增加。那些知道自己在做什么、为什么做，知道自己想要什么、在追求什么的人，是目前为止最有活力的人。

2. 你会很有毅力。要在生活中取得任何成就，首先就要坚持到底。当你不知道自己为什么而坚持的时候，是很难去坚守和忍受的。

3. 你能节约很多时间。例如，一旦你要的是健康，在面对美食或运动的选择时，你就不会再犹豫，也不会感到痛苦——你知道应该怎么做，也完全能够做到。坚定的目标消除了你的犹豫和困惑。

4. 会有更多的人愿意帮助你。对于那些知道自己想做什么，知道自己的目标是什么的人，人们是很乐意去帮助他们的。

5. 你会拥有良好的人际关系。因为目标通常是不会轻易改变的，而我们都喜欢稳定的人、稳定的地方。

6. 你会很清楚地知道自己是否实现了目标。所以，你一定不会错过人生真正的成功所带来的快乐和奖赏。

我的"计划"怎么办

　　一旦你有了自己的目标——这可是你的宝贝——要不要把它贴出来？要不要存档？要不要随时带在身边？我们应该把这么重要的信息放在哪儿呢——放在脑子里？放在心里？还是放在我们的记事本里？

　　广阔的世界，我们能做的事情很多，计划可以指引你实现自己的理想。不管这个计划是大还是小，是存在计算机里还是记在心里，那都是你自己的事。我喜欢把自己的计划写下来，给它们一些实际的东西，还喜欢和别人分享我的计划。就这些目标本身而言，在制定的时候应该尽量遵循一些简单的规则。你的目标应该是：

　　1. 你自己决定的——其他任何人都不能指导你的人生，帮你设定目标。

　　2. 积极的而不是消极的。

　　3. 能够实现的——你可以充分发掘自己的潜能，但是，你的目标一定是能够实现的，否则你就会失去信心。

　　4. 让人激动的——如果你正在做的事情不是那么振奋人心，那么，做一些改变吧（改变你自己、公司、环境或者要做的事），让它们变得令人兴奋。

　　5. 可以度量的——你必须知道自己进行到了哪一步。

　　6. 给自己一个时间表——如果你想要实现目标，那么就要建立一个时间表。

找出能让你兴奋的事情

在我参加过的一个家庭推广机构的颁奖典礼上，扩音器中一字一句地传出这样的消息：

"现在，下一个奖项将要颁给，蛋清的气泡体积及其对天使蛋糕味道的影响的研究中表现突出的人。"

和我同桌的一位妇女弯着身子对另一个人不无挖苦地说："天哪，这可真是让人兴奋。"那些会给你的人生带来激情的事物确实和你的生产力密切相关——这是另一个你必须遵守的原则。否则，你只会将自己的时间都用来背负身边的千斤重担。

对一件事情的兴奋程度肯定会影响我们在这件事情上的投入。当我们对什么人或者什么事情很有兴趣的时候，就会释放自己的精力、热情、脑力和体力。在提不起精神的时候（面对一个让人提不起精神的同事或者一个让人提不起精神的项目），我们或许还是会坚持去工作，却不可能做很多事情。如果对某项工作很有兴趣，你就会有极高的生产力。而如果你不喜欢自己正在做的事情，不是真正为了自己的愿望或者承诺在工作，你的效率最多也只能有 25% 而已。

一次，我们分析了一些白手起家的百万富翁，想看看他们有没有什么共同点，结果发现只有一件事情是相同的：他们都非常喜欢自己所做的事情。他们基本上都是通过从事自己喜欢的工作而挣到钱的。这样做的好处是，如果你能够做自己喜欢的事情，又能够赚到很多钱，这当然很好。如果赚不到钱——也没关系，你一样会非常享受这个过程。所以我们当中大多数的人都想做一个百万富翁，这样我们就能够自得其乐了。没有人可以告诉你，什么是你喜欢的；你必须自己来决定。

对我来说，即使给我100万年薪、一幢大厦、每年6个月的假期，我也不会去当一个会计。我喜欢在户外做体力工作，永远不可能生活在城市里。我的生活、我的目标、我的计划——从我还是一个小孩子开始，都是与此一致的。但是，我也认识一些朋友，他们不喜欢用自己的双手去干体力活儿。这对他们来说就是非常不能理解的了；他们不喜欢做这些事，这会让他们感到十分不舒服。

基本上我们都是一样的。如果不喜欢做什么事情，我们就会觉得很没劲、很不开心，所以也不可能长期做下去。如果你讨厌自己所做的事，却因为不得不做（为了安稳、为了声望等）而坚持做下去，你永远也不可能将它做到最好，也不可能发挥你所有的潜能。如果你只是在打发时间、佯装工作，等着获得另一个职位（或者在等待周末和假期、等待放松），那就根本算不上是生活，你也绝不可能完成很多的工作。

如果你正处在这种状态下，那么，要取得成就，做出改变是很重要的一步。换一个环境、换一项任务、换一种行为、换一个主题、换一个工作伙伴，无论是什么——只要你能确定这就是问题的关键——让你进退两难，都可以做出改变。

如果你还不确定自己处在什么样的状况下，有这样一些问题可以问问自己："这是我无论白天黑夜都想做的事情吗？""不管有没有报酬，只是因为喜欢而想做。"那么你就一定能够找到一些发自内心的驱动力量！重新审视一下你的选择和目标，直到找到一些事情能让你有上面所说的那种感觉。

　　想想看，我们喜欢做的事情是不是从来都不费吹灰之力就能开始做了？有人命令我们吃馅饼吗？有人命令我们去海边吗？有人命令我们洗个热水澡吗？没有！但是我们喜欢，所以我们去做了。

　　奇怪的是，现在好像很多人都认为，让他们快乐地工作是公司或者老板的责任。这太不可思议了！如果你不喜欢自己所做的事情，那完全是你自己的失败——无论你是继续待在那儿，还是什么也不做，什么也不改变，都是你的失败。你完全主宰着自己的命运。也许你不能控制发生在自己身上的每一件事，但是，你至少可以控制你对自己所做的事情的态度和感觉，可以选择工作的地方和与你共事的人。

　　如果你有渴望，你就一定有动力——不要看时间，不要计算报酬和名利，只是纯粹为了体会工作的快乐。

关注结果，而不是所付出的努力

一天，我和一位朋友闲聊，她想在生活中"取得成就"并且正在为此而苦恼。她告诉了我她所遇到的挫折，尤其是有很多本来应该完成的事情，而她却没有办法抽出时间去做，这个时候，她是多么沮丧啊！

我让她把所有要做的事情都写下来，就是以下这些：

* 给孙女买一件新衣服

* 看牙

* 整理庭院

* 粉刷屋子

* 告诉丈夫我在展会上丢了所有度假的钱

* 归还我 8 年前借的烘蛋奶饼的铁模（邻居已经忘记了）

* 去机场接一个我不喜欢的亲戚

* 动笔写一本我一直想写的书

现在，这个列表符合逻辑，条理清楚，却恰恰没有说明我该怎么样去完成这些事。

这都是一些"必须要做的"想法或者计划，不能产生激励作用。它们的重点在事情的本身，在努力的过程——这是舍本逐末。只要这样想想，就很容易让自己变得消极：真的是一点儿时间也没有，抽不出时间去逛商场，而且我也不知道孙女穿的衣服尺寸；看牙会很疼的，我很害怕；不知道他们会不会邀请其他人，我也没有合适的衣服穿；我一开始整理，寒流就要来了，会冻死所有的花花草草；听说油漆会致癌；也许我应该说我被偷了或者离开这里；既然邻居的孩子已经长大了，他们可能永远都不需要做蛋奶饼了；也许下个星期我会生病；我不太会拼字，我要等着有一台计算机，它可以帮助我做拼写检查。

以下是我按照自己的想法，重新帮她写的一份列表：

1. 给孙女的衣服选择一个款式。（"太谢谢奶奶了，您给我买的这件衣服真是太漂亮了！"）

2. 去医院挂号。（看完了牙我就会很漂亮，也能再吃排骨了。）

3. 选择一个主题并且开始做调研。做好后先给父母和老师讲讲。（"多给我们说一些吧，嗨，你真的帮到我们了！"）

4. 买种子；松松院子里的土。（太好了，穗上的玉米、新鲜的草莓、番茄、生菜、西瓜……）

5. 找一种真正适合房间的油漆颜色；找一把好的整齐的刷子。（"现在这房间变得多么舒服呀！你做的？你自己？"）

6. 等到丈夫心情好的时候，选择最好的时机，用最好的方式告诉他，我们破产了。（我等不及了，要赶紧放下这块心头大石。）

7. 用我最好的比利时奶油和浆果做一些蛋奶饼，敲开邻居的门，对他说："我一直不想还一个空盘子给你们……"（他一定会原谅我所做的任何事情。）

8. 去接那个亲戚。（看看地图，找出一条去机场的新的有趣的路线。路上买一个冰激凌，在亲戚到达之前自己轻轻松松地开车去。）

9. 找一个便笺薄，随时记下关于我的那本书的一切。（我梦寐以求的书！让我想想，我只能在上海待 3 个星期签名，杭州只能待 1 个星期。）

我对任何计划的第一反应都是期待最终结果所带来的满足感和快乐。我从来不去想这件事情要费多少力气，要花多少钱、多少时间，有多少痛苦。我只是想，这件事情完成之后会是什么样子，我的感觉会有多好，我会变得多么出名、多么富有、多么受欢迎。在我津津有味地享受了一会儿这样的感觉之后，再来看我要做的这些事情。好了，为了笑得更漂亮，为了吃得更好，我要去看牙医了。

就像怀孕的母亲、穿越平原的先行者、参加马拉松的运动员，或者爬山、烹饪、清洁——如果你觉得太累太痛苦，想着那些接踵而至的麻烦、痛苦或者危险，你就永远都不会开始。就算开始了，你也是胆怯地勉强地去做。如果只是想着他们将要经受的寒冷、疲劳、饥饿和痛苦，甚至路上有可能会失去一些队员，有多少先行者会留在自己舒服的家里？但是他们想着的是拥有自己的土地，那片富饶的土地，还有自由，并且真的决定这么去做。

这是大部分高效率的人的秘密武器。他们不仅不会迷失在实际的工作中和具体的细节中，而且还会对事情的结果做出计划，准备迎接成功和犒赏。

高效的生产者不会忽视规则

来看看我们是如何控制方向盘的：要到达目的地一定得有规则的约束。我们必须要遵守道路规则和边线、发动和停止信号、能做的、不能做的、时间和季节的约束。社会和大自然一样，也要遵从一定的规则，否则就不能正常运行。要求任何人遵守规则都是一个漫长而艰巨的过程。对小孩子来说，人生的第一课就是学习如何按照规则来办事。长大了之后，他们常常会觉得对各种规则非常失望，也不想去遵守了。我们总是想跳过各种阻碍我们前进的规则，总是想对那些与我们的方法、意图以及计划相冲突的规则视而不见。

曾经有人说过："服从是获得快乐的第一要务。"我认为："遵守规则而不是随心所欲是走向成功的第一要务。"看看国家精心建立的法律体系，例如，健康和安全保障体系、健全的经济体系，还有交通规则。规则可以让事情进展顺利、给我们提供保障、增强我们的能力、帮助我们实现目标。如果你不相信这一点，那么退后一步，看看大部分沉着能干的人、高效的生产者是不是都是遵守规则的人，而那些随心所欲的人是不是都在苦苦挣扎、忍受压力。

的确，要不要遵守规则确实是你的自由，但是，你却无法避免不遵守规则的后果。这会将你的生活、工作和计划都搞得一团糟。你还要记住，遵守规则也可以拥有自己的价值，可以有自己的风格和时间表，可以挑选自己喜欢的地方和同事。

自己来做计划和准备

生活中，我们常常会遇到一些没有遇到过的情况，要面对一些没有面对过的问题。如果我曾经有过在 1500 米的高空从飞机里往外跳的紧张经验，我一定要自己挑选降落伞。因为我知道，在下落的时候，降落伞的性能怎么样，何时会打开，会不会打开，这些将完全决定最后的结果。对于即将发生的事情，我们想要控制它，想要更有信心，唯一的办法就是做好尽可能充分的准备。没有人知道你应该做怎样的准备；只有你自己才知道你要吃多少东西、喝多少水、睡多少觉、流多少汗，你能够承担多少重量，你的视力如何、听力如何，你对什么东西过敏，什么东西是你不能缺少的，你愿意和什么样的人共事。

不要让别人（父母、亲戚、老板、配偶或各种统计数据）来替你决定，不要让任何人来帮你挑选降落伞。你不知道自己的降落伞会是什么样子——他们挑选的时候是清醒的、敏锐的、机警的，还是疲惫的、萎靡的、心不在焉的。你要自己做计划，不要指望别人来帮你做。父母是很不善于做计划的——他们对于计划的检查和重新调整是很出色的，但是对制订计划和做准备却根本不在行。

记住，适合自己的生活，才是幸福的生活。

你必须自己来做这些事情。寻找可以发挥你的才能、适合你的个性、与你的能力以及责任相符合的道路。如果让别人来替你挑选午餐、挑选衣服、挑选公文包，到了该吃饭、该穿衣服或者该做什么事的时候，你就只能接受这些别人给你选好的东西。不管它们是不是你所需要的或者你所想要的，也不管它们有没有用，你都必须全部接受。

许多大学生不停地问别人："你认为我应该从事什么职业？我应该到哪里工作？我应该学些什么？"能够听取意见和建议是好的，但如果是让别人来替你规划、帮你设计和准备、为你选择人生的方向，这就好像是让其他人给你买鞋一样，结果一定不会合脚。

自己来做计划。如果别人的话对你有帮助的话，可以借鉴别人的观点和经验，但是要根据自己的情况，取其精华。用自己的脑子想，作自己的决定。这是寻求高效工作的一个很大的秘密。

清单

　　我有清单，也使用清单，也喜欢清单——但是清单不能帮自己做任何事情。清单什么也不能改变，不能激励你，也不一定能让你变得更有条理。它只是一个记录，让你不要忘了自己要做的事情。例如，一个杂货单，你把所有需要的东西都写下来，让自己看到，完成了的事情就从清单上划掉。这样，你脑子里要记的东西就变少了，也不太会忘记什么事情。但是如果你指望让清单来拯救你、约束你，来帮你理清生活中各种事物的轻重缓急，只要你把目标写下来就能帮助你去实现它——那么，忘了它吧。因为你一定会失败的。

　　同样，也别把清单上的顺序看得那么重要。一位名列《财富》500强的大公司的董事长说他找到了成功的法则："列一个清单，把最重要的事情写在最上面。如果编号为1的事情没有完成，就不要去做编号为2的事情。"这是我听过的最有害而无益的方法之一。

　　如果要完成清单上编号为1的事情所需要的条件还不满足，你就等上两天吗？那些在你写好清单之后的一个小时里突然出现的、新的、更紧急的事情怎么办？轻重缓急是根据具体情况来决定的，而不是你的清单。

　　让我们来看这样的一个例子。有两个看上去差不多的项目经理，他们的能力和受教育的水平都一样。但是，其中一个刚刚能胜任工作，表现不尽如人意，而另一个却非常能干，表现出众。为什么？他们都有工作清单，都有时间表，都有每天的职责——接着，会发生一些突发事件，一些并不是非常紧急的事情。那个表现平平的项目经理把这件事情罗列在早上写好的清单的最后。而那个能干的经理为了要将这件突如其来的事情最快最好地完成，会看一遍清单，把它放在合适的位置。他不考虑次序和规则，不看时间，不受之前定义的优先顺序的制约，因为当时去处理这件新任务可能只需要 5 分钟，但是如果等到按照清单的顺序去处理的时候，可能要花上两个小时才能做完。

任何一个有巨大成就的人都不会严格地按照清单做事，这必将会扼杀所有的自由度和灵活性。

» 你担心清单太庞大而且不完美吗

你的"任务"清单是越长越好！别再犹豫了，把它们都写下来吧，即使是不可能实现的梦想，以及那些"我知道自己还做不到"的事情。

曾经有一度，我的任务清单上有 6000 多件事情。现在，我已经完成了这当中的几千件。我们相信，一个人不仅仅能做 6000 件事情，甚至还可以完成不计其数的任务，这真是令人振奋。做得越多，我们越快乐；任务清单上的事项越多（只要这些都是你真正想做和要做的事情），你就越容易找到自己喜欢的工作。

如果你只是因为清单太长了而把上面的一些事情划掉，那么，你就没有机会去完成这些事情了。休息的时候可能会冒出一些小段的空闲时间，还有我们几乎不抱希望却每天都会有的时间间隙，我们本来是可以利用这些时间来完成工作的。不要再去尝试给每一项任务都分配时间；我们要做的只是在合适的时候，让这些事情进入我们的生活。

试着把你的清单跟家里人分享，要不就把它挂得高高的，让别人都看得见。要完成一件事情，最好的办法之一就是将你的打算公之于众。因为这样做，其他人就会参与进来帮助你，你也可以帮助其他人。

　　对待清单最明智的做法就是随时把它带在身边，让它能够一览无余或者很容易拿到，时不时地看一下。

» 什么事情应该优先做

　　我们怎么去掌握这个难以捉摸的优先级呢？当你被各种力量撕扯着、压迫着的时候，你怎么知道，在你的清单上，那些"现在要做的事情"当中，哪一件应该排在第一位呢？优先级和能力无关——我可以肯定，你已经具备这种能力了——真正的问题在于对价值的判定。如果你很清楚地知道自己在做什么，判断优先级就只需要选择和组织你当时的工作。如果你不知道应该先做什么事情，最好分析一下（或者重新分析、重新确认一下）自己的目标是什么，为什么有这样的目标。一旦你把这个弄明白了，事情的优先级也就清楚了。

要确定某项工作是值得花时间的

很多年以来，我的朋友张超的公司一直承包着公共电话亭的清洁和保养工作。即使是这样简单的事情，也可以提供几种不同的服务。第一种他们称为"大致清洁"，每个电话亭只需要清扫5分钟，价格是30元，但是其干净程度不能令人满意。而另一个极端就是"闪亮服务"，每个电话亭至少要花1个小时来清洁，价格是180元。即使这个价格并不贵，"闪亮服务"也是没有什么意义的，因为天气以及使用的原因，电话亭很快就会变脏。中间档次的清洁服务是比较经济实惠的——清洁一个电话亭大概要花15~20分钟，可以让电话亭非常干净、清爽，用起来很舒服，价格只有60~90元。再超过这个标准，把电话亭外面的金属、塑料和玻璃都擦得闪闪发光，这就是在浪费时间。因为不到一个小时，到处都会沾上水迹和手印，看起来不会比那种比较便宜而实惠的服务更好。"闪亮服务"要花4倍的时间，价格也是普通服务的2~3倍，但是事实上对任何人都没有好处。

对扫地来说道理也是一样的。刚扫完1分钟，灰尘、污垢、面包屑就会掉在地上。1分钟之后又去扫地是一件多么愚蠢的事情啊，因为这已经是一个非常合理的清洁程度了，也就是你真正需要的了。

把你所有的工作都仔细思考一遍，按照它们的价值分配你的时间。对于任何工作而言，这都是非常关键的。如果要成为一个能干的人，你一定要能够挑出你认为重要的事情。

把大事和小事交换一下

我们很少有"普通"的事情要做。一旦我们确定了方向，那些任务、琐事、目标在我们心里要么很重要，要么不值一提。但是，我们当中 99% 的人都想在做完了几十件无关紧要的小事之后再去做大事，这是一种病态的逃避心理。即使大事重要得多（通常也确实是这样），我们也要热身、要做准备、会陷在那些小事里面，直到重要的事情迫在眉睫才会去做。

为什么会这样？"大事"通常意味着更多的工作和更大的责任，意味着我们早点结束工作的可能性更小。但是，还有更深层次的真正的原因。大事通常会涉及深入的思考；大事还常常会涉及一些变化，所以我们总是想办法尽量地拖延。在大事上我们所面临的风险更大；我们无法肯定自己是否能够成功。

也许你觉得避重就轻会更容易一些，但事实上恰恰相反。先做大事通常不会做得更快，但是对我们的脑力和体力来说却是更容易的。即使只有一件重要的事情没有做，其代价——时间上的、金钱上的、内疚感、担忧、烦恼和它所造成的延误——也会让我们生活的每一天都忧心忡忡，要去做很多琐碎的小事来避免面对这件大事。

大事也并不总是意味着要花更长的时间。在工作上，我们都会犯的一个最大的错误就是，拖延那些只需要一天或者一小时就能完成，但是如果不完成就会给我们整个生活带来很大影响的事情。我们总是在逃避这些事情，把它们从一个清单上抄到另一个清单上，5 年、10 年，甚至更长的时间。

做个游戏，把大事和小事换过来。这一个月，忘掉那些小事（把它们写在清单的某个地方，但是一件也不做，甚至不去想），而且，去做一两件被你暂时放到一边的重要的事情。处理这些重要的、搁置已久的事项，会让你立刻感到很满足。当你完成这些大任务之后，你还会发现，清单上的很多小任务也随之完成了，它们要不自然而然地穿插在这些大任务中间，要不就是被大任务解决了。

你会明白一件事情，在完成大任务的过程中，多数情况下我们会将时间分成很多小块，在这些时间块里，你可以同时完成一些小任务。做一件事情并不意味着我们一定要放弃其他的事情。

不要让时间表成为你的束缚

在时间管理领域里，"日程安排"这个词语有着特殊的魔力，但是，你并不是一定要在这方面很精通才能做很多的事情。如果你严格地按照日程表来做事，就会变得盲目和僵化。随时都跟着手中的计划跑来跑去的日程安排专家，是完全没有创造力和灵活性的——时间表成了他们的主人。例如，时间表上安排好的事情，因为下雨、生病或者其他什么原因取消了，这些时候就会浪费很多时间。每个人至少都要花去半天的时间才能进入状态，还要在心里重新安排计划。时间表还会抑制我们的激情和渴望——让我们的脑子里不会出现"如果……就会怎么样"的想法。

对于公共事务或者集体努力的和谐以及互通性来说，日程安排是必要的，这也是团队工作、课程、约会以及诸如此类的事情所必需的。但是对我来说，我更愿意有尽量多的可能性来对各种选择作出回答和反应。一成不变的时间表让我的生活没有了乐趣，失去了冒险的空间。只要有可能，我都是依照标准来工作，而不是时间表。时间表可能会规定每周二清洁所有的死角；标准却告诉我，要让这些角落保持干净，也就是说，在它们需要清洁的时候才去清洁，或许是下个星期，也或许是下个月。时间表紧跟着你的时钟和日历，而标准却给变化、意愿和机会留有余地。对我来说，一个好的时间表应该是未雨绸缪的，应该顺其自然，而不是受制于时钟或者日历。

例如，我和妻子在竹岔岛（山东青岛的一个四面环海的原生态小渔岛）上买了一块地，正在进行一项长期的工程，准备设计和建造一幢不需要维护的房子。我把一些手稿、新书的构思和我们在这两个月内计划要做的很多事情都放在一边——整理花园、做园艺设计、拜访那儿的朋友和建造屋子是我们的主要任务。我们没有预先安排好做这些事情的顺序，也不需要努力地把它们塞进我们的任务清单里；这都仅仅是一些目标罢了。

第一天阳光灿烂，我和妻子整天都在花园里除草，这不是日程表安排好的。到了吃饭的时间我们也没有停下来，只是为了心里的满足感而一直在工作。第二天，我们还是做这件事，带着一种轻快的感觉，并且决定在接下来的 5 天都做同样的事情。我们并没有排日程表，却为此做了准备。

接着，下雨了——从来没见过这么大的雨。整整 3 天，日夜不停地下雨。我选定了一本书的选题（完全是没有安排过的），一个符合我当时心情的选题，花了 4 天来写提纲。期间，我接到了某网络公司一个制作人的电话，我是他的节目的固定嘉宾，他希望我帮他想一些节目的创意。我用两三天的时间写了一个大纲（这也不是在计划内的），我甚至去了上海两天。后来，我又接到了两个电话，有一些更为重要的事情要做。我也在那个星期中完成了这些事。所有这些都很有趣，做得很快，并且令人兴奋。如果一直遵守着"时间表"，我大概只能完成这当中一半的事情，而且会一直处在重新安排计划的混乱中。严格的时间表通常是不会带来收益的。

» 注意"预留"的时间

最出色的生产者是不会为某项工作预留或者安排一段时间的。

如果你说"下个周末我要来打扫车库",然后你安排或计划留出那段时间,那么,无论实际上是否需要那么长的时间,你都会将任务拉伸,直到用掉整个周末。其实你可以选择,是在这上面花两天的时间呢,还是更现实一些,更有效率一些,用半天就够了,这取决于你想将事情做到一个什么样的程度。

　　经常还有这样的情况,有些工作会让我们感到畏惧,还有些工作不是那么容易完成,我们就会在脑子里夸大它们的困难程度,对它们所需要的时间也会估计得过多。例如,办公室的角落里堆着一大摞简报,已经很长时间了,一想到要把它们全部整理好和归档要花很多时间,每个人都会感到害怕。最后,终于有人勇敢地去面对了,3个小时就解决了累积了3年的报纸和一直压在人们心里的忧虑(我们都认为那至少要花3天的时间)。如果那个人预留3天来完成这项工作,那么很可能就确实会花去那么长的时间。

　　关于预留工作时间,你还有可能会碰到另一个相反的问题——你给任务留出的时间太少了,所以时间到了,你只能满怀愧疚地停下来。接下来还有一系列的连锁反应,包括重新分配时间、重新分配任务以及道歉。

　　给某项工作预先分配好几天或者一段时间,这是一种有局限性的做法,也会使我们无法同时处理几件事情。

　　生活的乐趣就是和时间赛跑,不要让时间来控制你和你的工作。做一切你能做的事,尽可能得快——不要让太多的工作悬而未决,等着你为它们分配时间。

我应该按照顺序做事吗

在目标这个问题上，一个最大的困难就是，人们总是有这样的想法，认为目标会剥夺我们的自由，抑制我们的创造力，磨灭我们的激情，一点儿灵活性都没有，等等。不是这样的！目标只是一个确定的选择、一个目的、一条已经决定的道路或者一个过程——而不是一件紧身衣。虽然路上会有人阻碍你前进，会遇到困难，筋疲力尽，但是你还有很多种方法来实现你的目标。你可以失败，可以重来，可以走一点儿弯路，还可以坚持。唯一重要的是不要忘记自己的方向。目标不是对任何秩序的彻底服从；也不是一个固定的、一成不变的体系。目标或许是一个坚定不移的历程，却不是笔直的、严格的路线。

只要看看那些超级实干家的工作就知道了。你不是一定要从第一件事情开始，然后第二件事，或者一定要从上到下，或者是从前往后。在拍电影和商业广告的时候，人们很少按照顺序来做。他们可能会先拍结尾，最后拍中间部分，而把开头部分放在中间拍摄。你也许会认为这样非常混乱，但是根据我的经验，这种做法关注的是效率，所以实际上它的速度提高了一倍。对于完成一件事情的有效顺序来说，并没有固定的、快速的法则。我们应该遵循的顺序不是我们自己对工作的安排，而是事情本身固有的最好的组织方式。

这就是为什么高效的生产者都不希望他们的活动涉及太多的人，因为他们并不总是非常清楚自己需要多少人，也不能把要做的事情排出准确的顺序。如果一时兴起，他们会去做一些其他的事情；可能那些事看起来和他们的目标完全没有关系，但实际上，他们会一直确保自己的路线不偏离既定的方向。他们会一直围绕着自己的目标，或者在进行最重要的工作时做出正确的改变。他们常常是在做的过程中排列事情的顺序，而不是预先安排好。

» 过程中的修正

我的一个棒球队的队友曾经在一场比赛中表现得非常出色，他没有给对方球队得分的机会。进入到最后一局时，在面对第一个跑垒员的时候，正面投球，他碰到了自己的帽子，挡住了眼睛。那一刻他看不见整个场地——包括他的球要投向的击球员。熟悉棒球规则的人都知道，一旦投手开始向击球员投球，就不能停止动作，否则就是"投手犯规"，判跑垒员进一个垒。关于投手犯规的规则立刻出现在朋友的脑海里，所以他并没有停止动作，而是继续在看不见的情况下朝着击球员的方向投球（但是投得很轻）。击球员当然是用尽了力气挥棒击球，跑垒员不光是进了一个垒，而且跑回了本垒，赢得了这场比赛。

在这样"犯了错误"的情形下，我们通常都比这名投球手有更多的时间把事情考虑清楚。但是，即使是这样，因为我们已经采取了行动，修正正在进行的工作这一简单的要求也常常得不到满足。

这件事情很难办，停下来进行调整会浪费时间，前功尽弃。但是，在有需要的时候，修正我们的路线是所有可能的办法中最明智的选择，即使对最快速的行动者来说也是这样。这看起来有点像走回头路，但是事实上并不是这样；这只是回到正轨，从长远来看，这样能够节省很多时间。

汕头牙刷厂以制造昂贵且高质量的牙刷而享有盛誉。我去参观的时候，看到整个垃圾箱里都装满了漂亮的木柄。在它们就要被送去做成锯屑的时候，我拿起几个精抛光的木柄，在上面几乎找不到任何瑕疵。那儿的工人说，刚开始的时候，因为一个小小的裂纹或者缺陷就将它们丢弃或全部重做，这是很困难的。但是在生产线的末端，另外的部件以及其他1万把牙刷的声誉都会依赖于这一把的强度和质量，这个意义就大了。

　　或许你也有这样的经验。正在修理一根很大的横梁，甚至已经在建筑物上固定好了一根，这时你停下来检查一下自己的进度，发现横梁有一点儿弯曲。你不愿意停下来把横梁拔出来再重复你的工作，但是如果你真的不那么做，你就是在一个不稳固的基础上建造房屋，此时只有重新调整才有意义。

　　对很多人来说，这是一个最严苛的准则：停下一项重要的工作来纠正小小的错误。但是出色的生产者都会这样做。

你能否同时做两种工作

古语所说的"一心不可二用"是没错，但那指的是集中精力专注在一件事情上，而不是在限制你的能力。你可以同时完成 2 个、10 个或 100 个简单的任务。有人可以一次玩转 21 个陀螺，有人可以一次放 15 个风筝，有人可以同时操作 5 台设备，有创意的渔民能够一次使用 13 根钓鱼竿，成千上万的农夫都可以同时栽种不同的农作物。

如果你只是听从工作的安排，就只能做一件事情。但是如果你是自己的主人，就能够按照自己的意愿做好几件事情。我们都同时扮演着多种角色——丈夫、哥哥、儿子、父亲、律师、渔民、画家，等等。这就是因为一件事情进行的时候并不意味着其他所有的事情都要停止。你种下一棵树，不用看着它成长，因为那是没有意义的。如果你种了几百棵树，给它们一些营养，它们自己就能生长，你可以同时去做其他的事情。

大概 10 年前，我的朋友张超开始收集清洁用品，虽然他没有花太多的时间在"收集"上，但现在也已经有了一些很好的收藏品。在做其他事情——演讲、旅行、打电话、写作、拜访朋友——的同时，他都会告诉别人他正在收集清洁用品，让别人知道他在找什么，知道他是多么喜欢这些东西，并且让别人再去传播这件事。过了一段时间，他就开始收到各种清洁用品了，并且到现在还能一直不停地能收到。

实干家不是去尝试，而是去做

　　注意那些最能干的人——他们很少说"试试看"，甚至从来不会说。如果一个飞行员告诉你，他将去"尝试"驾驶你所乘坐的飞机，你会怎么样？如果一个外科医生在给你动手术之前说："好吧，我试试看。"你会怎么样？如果你的老板说，会"试着"给你支付工资，你又会怎么样呢？

　　如果有人对你说"我会试着帮你去做"，实际上他告诉了你什么？什么也没有！即使他说"我会尽全力"，对于实际的结果而言，也没有什么意义。实干家从来不会去尝试，他们要么做，要么不做。因为"尝试"和"决定"不可能出现在同一个句子里。

正确的道路就在你的面前

以前的学者曾经困惑地寻找着关于"生命神秘意义"的答案。而在现在这个过于膨胀的社会里，我们迷失在近乎绝望的寻找中，都想知道怎样才能做更多的事情。

这些年来，我总结了一些经验，这些经验都来自于我的经历，来自于和当代"愚公"的交谈，以及对他们做事方法的观察。这些经验都不是什么新鲜的观点；事实上，它们唾手可得，非常普通，常常出现在一些或是新颖或是深邃的文章中，只是我们一扫而过，丝毫未加注意。

» 遵从经验和直觉

相信你的第一个冲动。我们不需要任何刻意的努力就能够找到一条正确的、有效的行动路线。我们生来就能够"自动转换"自己的想法。学着去遵从我们的感觉，这需要一些经验，需要有谦虚的精神，需要一定的训练。但这是一个极好的办法，能够让你找到方向。所以，倾听你的内心吧，看它在说些什么。我们每个人都有与生俱来的智慧和心灵的直觉，这是上天给我们的礼物，但是我们却没有好好地利用。

» 相信历史

通常我们接触历史都是为了考试或者出于兴趣。其实，我们只需要看看过去的史实，想想以前的数百万人是怎样实现他们的目标的，这就够了，没有什么比这更简单、更准确的了。重复那些失败者的行为，我们面对这样的问题还能说些什么？从个人来说，我们可以在历史中得到纯粹的、真实的讯息。我们可以找出历史的主要推动者，模仿他们的行为，从而取得成功。但是几乎没有人会这样做。

» 睿智的人

没有人生下来就比别人聪明，但是有的人却比其他人更睿智。例如，有些人生活得非常精彩，作出了巨大的成就。对于时间，他们有非常透彻的了解。他们做了什么，是如何做的，为什么要这样做，都是值得学习的。不要去机械地模仿别人的个性——而要去学习一种方法，为了像他们那样把事情做得又快又好，你也许可以模仿他们，重新调整你的路线。这么做就类似于"将历史个人化"。

» 休息时间到了

现在再来看看我们为什么想做更多的事情。的确，那很有意思、能得到回报、有利可图，但是，这儿还有一些其他的很好的原因……

这是一种重要的个人资源。向别人推销你自己，推销你的理想、你的目标、你想做的事和你要做的事，这是引领你走向成功的关键。完成更多的工作本身就是一个有效的宣传。

做更多的事情是一种良好的交流方法。和其他人交往可以给我们的生活增添很多色彩，而做事可以自然而然地让你与其他人建立联系。

工作可以带给你社会安全感。不管你为将来存多少钱，都不能让你产生安全感，而许许多多更加有趣、更加值得为之付出的工作却能让你觉得踏实。

世界上最快而又最慢，最长而又最短，最平凡而又最珍贵，最容易被人忽视而又最令人后悔的就是时间。

——高尔基

第五章

"早"的魔力

我把有关这本书的笔记和研究全部重新看了一遍，想知道完成更多工作的关键和近乎完美的方法是什么。其实，除了"努力工作""坚韧不拔""持续到底"等老生常谈之外，好像并没有什么更深奥、更新颖的东西——这些耳熟能详的成功法则大概每年都会改头换面地出现。直到有一天，坐在公司执行委员会的会议室里，我才找到自己成功的秘密。那时我正在听经理们汇报公司最近的发展问题。我听着听着，在每一个问题的后面都写了一个词语或摘要，也就是问题产生的原因。我发现自己写的是晚了、晚了、慢了、晚了、忘了、晚了。

第二天上午，我在一个快递公司的总部，听到了 10 个打进来的电话，当时一片混乱，道歉声不绝于耳——这 10 个电话中有 5 个都是因为做什么事情太晚了而造成的。

在看到这些情况之前，迟到从来没有真正地被我当成生活中的大敌。为了进一步地确认，我跑到公司的办公室，问了 11 个主管人员——我想知道他们当天所打的电话、所进行的联络中，有多少是为了要解决问题而不得不做的。答案是"65%"。而大多数问题的原因用两个字来概括是什么？你一定能猜到，就是：晚了。

我知道了！要完成更多的工作，最重要的原则是什么？有关成功的词汇中，能够解决最多问题的一个字又是什么？就是：

早！

早起的鸟儿除了有虫吃，还有很多其他的好处：

*它可以第一个选择美味佳肴。

*它可以获得其他鸟儿的羡慕和尊敬。

*它可以树立良好的公众形象。

*它可以毫不费力、舒适而放松。

*它这一天其他的时间都可以去做自己想做的事情。

其他所有来晚了的鸟儿都在寻觅、搜集、争夺、等待、谈判、道歉、祈祷、期望、聚集、推挤，而这时候，早起的鸟儿正在做更多的事情。

"早"能解决什么问题

如果整本书你只能记住其中的一点的话，那么，看一看接下来的这几页并照着做吧。"早"是一个简单而经济的原则，只需要有这一个原则就可以自动防止（没有任何成本，也几乎不需要花什么力气）大概80%的"时间管理"问题、个人问题和组织问题。可以想象，更早地完成工作也可以在很大程度上提升你的生活质量。

在生活中提前一步，就是给自己贴上了一个有能力的标签。这个标签会告诉全世界的人，你是可以信赖的。而另一方面，迟到的人就好像是拖着一个铁球和一条锁链，无论实际上你是一个多么好的人，迟到都是在告诉别人：你是最差的，不能完全信任你。

某个晚上，一位钢琴演奏家正沉浸在北京国际艺术中心的演出中，这时，一位迟到的女士进来了。她费了很大的劲，穿过一排排的座位，到了自己位于前排的位置。钢琴演奏家停下了演出，这位女士毫不理睬别人对她发出的嘘声，并且推开了那些挡住她的路的人。钢琴演奏家向听众们道歉（更多的是因为这位女士所带来的尴尬，所有的眼睛都注视着她，她的出现十分不合时宜），"对不起，对不起，对不起。"她说。在她坐下以后，钢琴演奏家走到她的座位旁边，问道："你从哪里来，女士？"

"离这两站地。"她回答。

"哦，女士，我从杭州来，我是准时到的。"

人们对于迟到的愤怒比我们想象的还要强烈；一切事情，无论是姗姗来迟的提升和赞扬，还是久候不至的关怀，都会让我们感到沮丧。别人的迟到会给我们的身体和精神都带来压力。我们也都痛恨其他人的迟到打乱我们的时间安排，破坏我们的生活。无论事情最后的结果怎么样，上班迟到或东西不能准时送达都会让别人对你产生负面的印象。

越早准备越好

　　无论什么时候开始都不会太早。我曾经把接下来的 3 年的演讲、会议以及工作时间表都安排好了。只要有时间，只要题目确定下来，我就会开始为这些报告和工作做准备、收集资料、记录我的想法。整整一年，我一直都在做这样的准备。几乎不用花什么时间，我就能做一次精彩的演讲。其他诸如此类的事情，做起来也并不需要什么时间和代价。但是如果等到演讲的前一晚，哪怕是前一周才开始做准备，我肯定都得花很多时间来找资料、打电话、坐下来仔细研究。如果你把准备工作分散在一段时间内，它几乎自然而然就能完成了。

　　提早做准备并不困难。下次出门时，别等到要走的前一天晚上才收拾行李。出发前的整个星期都可以准备，打开你的旅行包或者行李箱，把需要的东西放进去。这样，你就不会在临走前 1 分钟还慌慌张张地，也不会忘记什么东西。你也不用在出发前的那个晚上，半夜起来收拾衣服或者写备忘录。

　　为了以防万一，提前开始工作、提前把事情完成、提前做准备，这总是能让人感觉很好。

提前工作，不要推后

观察一下那些高效率的人，你会发现他们很少说"等一下"。的确，我们总是不得不"在时间表里再塞进一些事情"，即使是最高效的生产者也会有疲惫的时候，也会有不想马上去做事的时候。但是，我们大多数人的生活中都有成堆的"还没解决的问题"，每一件打算"以后再做"的事情，都很有可能是又增加了一个这样的问题。我们已经准备要去做这些事情了，却没有去完成它。这就好像是把事情放进了一个小小的"待完成"或者"待做"的医院中，但是并不给它们治疗一样。它们会一直在我们的脑子里盘旋，我们必须要滋养它们、照看它们，让它们活下去。它们基本上是不会自己痊愈的。

大多数"以后再做"的事情，如果没有在当时马上完成，就会消耗更多的精力，带来更多的烦恼和忧虑。一个只需要 15 分钟就能完成的工作，如果被我们忽略了，搁置得太久，就会突然之间变成一个噩梦，也许需要 2 个小时才能完成，而且还会伴随着不必要的情绪消耗和怒火。

假设房屋检修员告诉业主们应该维修屋顶，业主们评估了一下，需要 5000 美元。他们不想现在就花那么多钱，所以又等了 2 年。到了那时，雨水侵蚀了墙壁、地板、门和支撑梁。2 年后的维修费用变成了 5 万美元。其实业主们第一次发现屋顶渗漏的时候，维修费用只要 15 美元……但是他们一直在等待。

要养成习惯，提前工作，早做准备；把"以后的事"变成"现在的事"，你的效率将会提高 10 倍。

不要总是落在事情的后面，努力追赶，这样更能激励我们。与其去解决、补救那些早就应该处理的问题，不如占据主动、提前准备，这会是一种完全不同的感觉。

什么时候完成工作能够更迅速、更容易、更快乐，就什么时候去完成。通常总是应该尽早去完成。

把"以后"和"试试看"一起从你的词汇表里扔出去。在我们说"以后"的时候，就给了自己一个模糊的包袱，那就是"何时"。哪怕是说"以后见"，这当中也有一个潜在的问题，就是"何时"。

早做部署，不要积压

一旦陷入日常事务中，90%的人都会有一些积压的任务——那些等待完成的工作或者应该处理的事情。

高效率的人没有积压的任务。如果你总是落在后面，就不可能真正赶上来。能干的人会预先计划，有一个需要提前完成的事情的列表。当你能够提前开始工作，推动事情发展而不是被任务所驱赶的时候，你就拥有了双倍的控制能力。

但是，怎样才能预先计划呢？我可以告诉你，要先发制人，不要处于被动，或者要积极，不要消极，但是告诉别人要这样或者要那样一般都没什么用。不过，除了那些要让你怎样的说教、要求和建议之外，还有一个很简单而且能够自我激励的办法。无论是要学习怎样做更多的事情，还是想找到预先计划的正确方法，这都是毫无争议的第一件要做的事情。

把你要提前完成的事情写下来，随时带在身边。然后，在有可能的时候，在你状态好的时候，在大大小小的机会出现的时候，见缝插针地去做这些事情。如果你能这样坚持利用零散的时间，慢慢地，原本的任务就完成了，消失了。

记住，有效率的人的任务列表总是比较长而不会比较短，上面写着他们要做的事情，岁月不停地流逝——所以我们应该努力去做更多的事情。

什么时候是工作的最佳时间

经研究证明，上午的工作效率会比晚上高 3 倍。所有需要头脑清醒才能完成的工作（例如写作），我都是在清晨去做的。如果我的身体和头脑都很疲倦了（傍晚的时候），我就走出去干点儿力气活儿。接着，我会用一天中的"加班"时间（晚上）来安排明天早上要做的事情，让我第二天不需要做准备活动，一开始就可以踏上跑道奔跑。

一般来说，最具有挑战性的事情最好放在早上来做。这还有另外一个原因——在我们被各种家务和工作折磨了一整天之后，通常也没有时间、没有精力来处理任何大事、重要的事或者实际的事了。

但是，什么时候去完成更多的工作，这绝对是你个人的事情。你要自己来管理；不要让我或者其他任何人（可能除了你的老板）来指挥你。

也许我们的时钟都是一样的，但是，在什么时间里我们需要最努力地工作，却没有一定的规则——或许是时针指向左边的时候，或许是右边，或许是下边，或许是中间的某个地方。尽管这样，你也要考虑别人的时间安排。否则，你的任务就可能会突然进行不下去，因为你需要合作伙伴、需要代理人或者需要和别人磋商，而他们的工作时间都是传统的朝九晚五。

我们每个人都是不一样的，所以，你要找到一种合适的方法来安排时间（适合你的——而不是适合别人的），并且照着去做。

提前能够缓解最后期限所带来的压力

最后期限是生命中另一个让人讨厌的问题，需要花费很多时间，提前可以缓解它所带来的压力。效率很高的人几乎不会使用"最后期限"这个短语。

仅仅为着最后期限而工作的人只是苟延残喘，而不是实干家。对于意志薄弱和动机不明的人来说，最后期限确实有一定的帮助。但是如果你只是为了最后期限而工作，而不是为了完成项目或者任务，你就得不到成功的快乐。那些整天都因为最后期限而惴惴不安的人会让自己神经崩溃，他们的工作效率也比周围的人低。那些依赖于最后期限的人发明了通宵工作，这就是他们所需要的工作方式。依赖于最后期限的人习惯于每天比较晚开始工作，他们会错过所有的新鲜事物和重要事情，因为这些东西可能都如机会般稍纵即逝。

很多成年人仍然相信，总有一天，救世主会让我们的个人能力产生不可思议的变化。只要我们参加了足够多的训练课程，听过并且记住了勤勉的所有好处，有一天，我们就会从一个懒惰的人变成一个勤勉的人。可是，这不过是一个童话故事罢了。非凡的生产技巧都是日积月累而来的，不会突然从天而降。所以，如果你还没有看到什么明显的改变，也不要灰心。有些习惯或者行为的改变可能会立即奏效，我们应该尽早去做这些奇妙的改变，因为它们所产生的效果是非常惊人的。而对于高效能人士的其他习惯，需要去实践，并且花费时间，使之根深蒂固，然后才能让你更好地利用时间。

从你设定最后期限的那一分钟开始，它就在偷偷地靠近你。光是看这个短语本身——最后——期限——你就应该明白一些东西了。如果你都是提前完成工作的（这并不需要付出额外的代价；不需要紧张；不需要解释），就根本不用为最后期限担心。

» 等待——与提前势不两立

如果有时候你不能理解自己为什么不能完成更多的工作，那么把你所有等待的时间加起来，不仅仅是交通堵塞的时间，还包括：吃饭、付账、登记入住、登记离开、去卫生间、接收邮件、拦出租车、进场、等着上菜、看医生、找律师等。似乎无论想做任何事情，我们都会陷入等待的泥潭。所以：

1. 尽可能地避免等待，早点儿去、在人少的时候去或者根本不去。并且，只要有可能，避免和那些每次都要你等待的人接触。

2. 做些准备，让你可以有效地利用等待时间。随时带一些工作（你已经预先准备好的）在身边。如果你喜欢自己的工作（正如你应该做的那样），这就好像是随身带着网球拍或者针织棒一样轻松。

修理——尽早去做

　　每个人都需要修理东西，但是我们可以选择到底什么时候去修理。我是很痛苦地认识到这一点的。我曾经有过这样的经历：我的大篷货车的一个后胎被磨平了，行驶的时候，它几乎是哭着在请求我："换胎吧！换胎吧！"但是我仍然没有去修理。我还坚持着，希望它能再行驶"一段路"。在去内蒙的路上，在通辽库伦沙漠的腹地，车子终于爆胎了。这时，同一对轮胎中的另一个承受了很大的重量，而且它本身也有点磨损了。你有没有经历过在沙漠中的轮胎店换轮胎？你有没有付过 120 千米的拖车费？最后，我足足花了 4000 多元才把轮胎修好。

　　还有一次，一个朋友的天然气罐漏了，只有很小的一点点漏，他想以后再去修理——以后比他想象中的时间更长。直到有一次，烤肉晚餐进行到一半时，天然气全部漏出来了，他终于不得不去修理了。本来只需要买一个几块钱的垫圈就能解决的问题，现在却一定要急急忙忙地跑到商店里去，花上百元买天然气，家里还有一帮饿着肚子等着晚餐的人。

　　高效的生产者都知道，不仅仅是要在需要的时候修理东西，而且还应该提前去做。他们不会等到情况已经是最恶劣的时候才去修理。毫无疑问，你有时候会不得不去面对坏了的或者不能工作的东西。那么，为什么不是在你还能控制的时候去解决问题呢？积极的人都是这样去做的。

为了总结先行一步的力量，也为了让我们记得更清楚，我归纳出了下面的两个表格。

先行一步的更多神奇之处

平常的细节	落后	准时	提前
排队	长时间地等待	排在一个比较短的队伍里	不用排队
停车	找停车位 / 付更多的停车费	和别人争夺最后一个停车位	能得到最近的停车位
聊天	没有时间，只能招手示意	有一点儿时间可以"聚在一起"	有真正畅谈的机会
谈判	没有有利谈判的筹码	一般的交易	真正的谈判
打扫卫生	只能由它去了	有时间擦擦灰	有足够的时间做仔细的打扫
选择机会	只有别人都不要的东西了	被那些先来的人挑选过了	第一个选择
汽车换胎或者加油	努力坚持	有 60% 的机会	想熄火多久都可以
座位	争吵 / 寻找 / 占别人的位置	只能坐别人给你安排好的位置	可以选择自己想坐的位置
旅行	大汗淋漓，匆匆忙忙	刚好能够游览完所有的景点	在路上会有一些意外的收获

突发事件	更大的压力、风险和更糟糕的问题	焦虑、冒险、有问题	可以更冷静、更好地解决问题
点菜	其他人已经帮着点好菜了	很快地看一遍菜单就匆匆决定	仔细选择喜欢吃的
天气	由老天决定吧	让问题变得更麻烦	有时间消除恶劣天气的影响
交通堵塞	按喇叭	只能慢一点儿开	没问题
焦虑	增加焦虑	正常程度	很少或没有
书面工作	增加	有点费力	减少
报告	不符合要求的报告	符合要求	有充足时间阐述新的想法
受伤或者健康问题	更长时间的痛苦，可能会造成永久性的伤害	停止或者减少痛苦以及伤害	防止痛苦和伤害
账单	接到催款电话、催款信，或者被处罚	付清账单	提高信誉，可能还会获得折扣
控制疫病	染病的动物数量增加，造成极大的危害	制止危害	预防危害
聘请员工	找到谁算谁	在现有的应聘者当中挑选最好的	可以找到适合职位的最好的
时间交换比率	可能要多花1个小时	等量交换	可能为你赢得1个小时的富余时间

你想如何对待自己的人生？你选择了哪一列？这即使不能完全

控制你所有的计划和任务，也会对它们造成极大的影响，最终也会关系到你的声望。你也一定发现了，我认为即使是"准时"也还是不够的。

你的时间安排方式就是你的代言人

落后这么说……	准时这么说……	提前这么说……
我没兴趣	和预期的一样	我真的很有兴趣
我还没准备好	和预期的一样	我准备好了
我在后面	和预期的一样	我提前了
我不舒服	和预期的一样	我很舒服
我没把握	和预期的一样	我有信心
我绝望了	和预期的一样	我很放松
我控制不了	和预期的一样	我可以控制
我失去了很多机会	和预期的一样	我有机会
我要剩下的	和预期的一样	我得到了我想要的
我不在乎其他人	和预期的一样	我在乎你的感受
我被抛弃了	和预期的一样	我走在事情的前面
我是一个接受者	和预期的一样	我是一个给予者
我没时间	和预期的一样	我有时间
到了最后期限我还是完不成工作	和预期的一样	我不需要最后期限
我的风格是"危机管理"	和预期的一样	我提前计划
我不会向前看	和预期的一样	我会向前看
我是跟随者	和预期的一样	我是领导者
我必须被强制做事	和预期的一样	我自愿做事
人们都会对我大吼大叫	和预期的一样	人们都会对我微笑
这会花时间	和预期的一样	这会有回报
可怜的人	**一般人**	**出色的人**

第六章

借助他人的力量

很多超级实干家都非常令人羡慕，他们似乎总是能够得到命运之神的眷顾，能力出众，要不就好像是揣着跑表出生的一样，行动迅速。但是事实绝非如此！他们能够取得成功的真正原因是得到了比一般人更多的帮助。

高效的生产者并不像他们留给你的第一印象那样，他们不是孤独的狼，也不是一个人在唱独角戏。事实上，他们是最好的团队工作者。他们需要各种帮助，而且也想方设法地赢得了所有可能得到的帮助。他们所拥有的这些资源对任何人来说都不算什么，也很容易得到。

在我们分享成功人士的有用经验之前，先来看看下面这些不起眼的"小帮手"。

别梦想着有"重大的突破"

我们总是能听到一些了不起的破纪录的壮举、开拓市场的大师等——一件事情就造就了一位名人或一个百万富翁。这常常被称为"重大突破"。彩票中奖的人、软件天才、赛车手因为做了一些有新闻价值的事情而突然"一举成名"。人们听了太多这样的故事，就开始等待类似的重大时刻或者重大突破降临在自己的头上。但是，这种事情最终还是不会发生，所以很多人会对他们的生活感到深深的失望。

下面的这些事实从来不会出现在报纸上：

  *在中100万大奖之前，中奖的那个人已经花了5万元来买彩票。

  *那个软件天才有时候得在他的车库里工作，只能吃金枪鱼和罐头汤，这样过了15年，他才建立了自己的事业。

  *赛车手对比赛的热情已经两次葬送了他的婚姻。

不要再相信什么"重大突破"了，它们根本就不会出现。无论你在做什么，都不要浪费宝贵的时间和精力去碰运气、去祈祷、去等待其他什么人（或者什么事）引发不可思议的变故来将你推向顶峰。别指望着老天会突然让你变得富有、著名、无忧无虑、能干而且永远快乐。这些都只能靠你自己的坚持，集腋成裘、聚沙成塔才能实现。大多数的成就都是许许多多的小事日积月累的结果。不要等着一鸣惊人，也不要等着成为新闻的焦点。你应该在每一场比赛中都踏踏实实地争取胜利，而不是梦想着在一个晚上就能得到"三连冠"。成功是有它的历史的，延续性就是它的价值所在。

不要等待"意外的休息时间"

　　我们不知道自己什么时候会突然"搁浅",不知道什么时候会有意料之外的休息机会,所以我们一直在等待,这也是一件非常浪费时间的事情。一旦踏上人生之路,我们就只需要关注速度、规则、责任、机会和梦想——还有越来越多需要我们去完成的工作。压力迟早会逼近我们,到那个时候我们就会开始期待"暗礁"。我们希望前面某个地方会有暗礁、避难所、暂停区,在那儿我们可以退出激流或者跳下旋转木马;在那儿时间会暂时停止,喧哗和各种要求也会消失;在那儿我们可以躺上一会,休养生息。我们可以抚平自己一路上受到的创伤,冷静地平复自己的情绪。在这之后,我们就可以写完所有的信,完成所有的思考,做完一切琐事和搁置已久的工作。接着,在所有的恢复和休息之后,我们就能够从暗礁上一跃而起,重新投入生活的战斗,更妙的是现在我们已经不会再腰酸背痛,也没有积压的事项了。

　　每个人都有他们关于暗礁的梦想。这个暗礁或许是一点点小伤,让你能够理所当然地逃离一阵子,在痊愈之后再投入工作。暗礁或许是一场困住你的风暴,你需要的只是一点点意外——从你死我活的竞争中释放出来——让自己停下来休养、休整、治疗和补充能量。

　　我们当中的大多数人都在寻找和等待意外。社会的需求、疯狂的日程表和所有的承诺,这些足以让我们精神错乱或者劳累而死,我们都想从中解脱出来，我们所有的人都在等待着这样的意外。事实上，我们是怀揣着一长串的工作来等待意外发生的，我们希望自己可以在意外真正来临的时候完成这些事。

很多时候你以为自己找到了暗礁，但其实都不是——那只是一条岔路罢了，会有更多的工作要做。

我们希望能够"停下来，让自己有时间赶上工作进度"，这根本是毫无意义的。我们有多少人可以有时间停下来？在过去的日子里，我们一天比一天更忙碌，完全停不下来，更别说有时间赶上进度了。就算时间真的停止了，对你的工作也很可能毫无帮助。即使真的出现了什么意外，给了我们休息的时间，大家通常也都是心安理得地停下工作，所以这反而会让我们落后得更多。

如果想停下来，最起码，你也要停在路上，在快车道的入口处休整。你不需要停下来去做更多的事情；只要做那些正在进行中的事就可以了，你一定能够做到。

不能过分依赖启动剂（动因）

我的朋友林强在中国东北部的一处农场长大，他的儿时生活令他印象深刻，他说："在那些气温远低于0℃的清晨，出门都很不容易，更别说要开动那些大型的拖拉机了。冰冷的引擎常常因为没有足够的动力而不能运转。我们不能反复多次打火，那样会把电池用光，拖拉机就发动不了了，所以我们找来了一小罐奇妙的东西，叫作'启动剂'。把它喷一点点在空气过滤器上，就能够被吸入活塞腔，有了它，哪怕是一点点微弱的火花也可以发动引擎。爸爸总是告诫我们：'不要用太多，一点点就行了，引擎不是依靠启动剂来工作的。只要发动起来了，就可以使用普通的汽油了。'一旦引擎热了起来，这一天随便什么时候都能够很容易地开动拖拉机。"

所有在不断寻找"动力"让自己前进的人都可以从中得到教训。你不能依靠动力——激励、赞扬和其他外界的刺激——走得很远，得到成功。为了保证生存和发展，有的时候动力是必需的，但是如果我们一直都非得要有动力才能前进的话，那就会有坏处和危险。动力应该像林强的爸爸对启动剂的建议那样——"只要一点点"就够了。你不能依赖动力前进，如果你这么做的话，就需要不断地调整。和启动剂一样，动力是非常昂贵的，一旦耗尽，你就会彻底失败。动力只能帮你点燃火花，让你能够进入有效的连续的工作过程。

动力或许可以激发我们去获得成功，但是，成功是一个持续的实在的过程。只要你起步了，有了产出，只要工作成果改变了你的生活、方法和目标，你就会随之改变。一桶燃料可以让一个巨大的发动机运转起来，同样地，成功也可以给你提供动力。

委托不能帮你完成所有的事情

是不是像很多研讨会的负责人告诉我们的那样，把职责和任务委派给其他人就一定能够获得更高的效率呢？对于时间管理的"神奇原则"——委托这一过分夸大的词语来说，更加讽刺的定义或许是：

委托：一种能够让你产生舒适幻觉的行为，在你有时间去亲自处理一件事情之前，你可以认为别人正在处理这件事情。

如果下面的条件成立，委托就可以帮助我们做更多的事情，并且可以做得更好：

* 你有能力雇用帮手。
* 被委托者是有能力而且可靠的。
* 被委托者是有目的而且守时的。
* 被委托者清楚而完整地理解了你想让他做的事情。

这些限制排除了很大一批人，可能任何事情都不能委托给他们。人们一直认为，委托就是一种简单的转换管理职责的办法，是解决问题的灵丹妙药，但事实并不是这样。委托给别人的事情，有一半是我们可以也完全应该自己来做的。你可以将事情或者任务委托给他人，但是无法把动力和承诺传递给他们。你可以把权力交给别人，但是不能把自己的责任交给别人，只有你才知道要将事情做到什么程度。你必须能够区分，什么事情可以委托给他人或者可以合理地分配出去，而什么事情你必须自己来处理。

一些委托给别人的事情，很可能会比你自己做花的时间还多。你选择了委托人之后，要把所有的事情解释给他听，尽量要让他花心思去做，然后还要检查评估这个人所做的事情，进行质量控制……并且需要修正错误。把你自己能够完成的工作委托给他人，这没有太大的意义，而且还得花几天的时间来跟踪委托者的工作——除非你打算和他长期合作。

很多从事领导和管理工作的人认为，他们要做的事情就是让其他人来完成这一切的工作，包括找一个专业的助理来分派任务。但是，高薪的管理职位、一个团队或家庭的负责人并不是只要分派工作就可以了；他们也要做事，也要让工作顺利进行，要尽己所能地完成目标，只是把那些自己不擅长做的事情或者其他人会比自己做得更快更有效率的事情委派给他人去完成。

降低效率的最快办法就是让你自己从舞台上消失，让你自己不再经历、不再面对、不再参与正在进行的工作。如果只是做一个听报告的人而不参与工作，你很快就会被现实世界遗忘，最终你也会为此付出大量的时间。

使用工具完成任务

工具是最好的东西！工具是人类所有成就的精华，足以被载入史册——它的价值几乎是无法计算的。如果失去了工具，任何人通常都会行动缓慢、效率降低，甚至可能一事无成。

我们当然可以寻找和使用正确的工具来增强自己的生产能力。在发明出工具之前，人们只能依靠艰苦的劳动来耕耘土地。除了解剖刀和手术刀，外科医生还有很多先进的工具，可以救治更多人的生命。使用正确的器具来准备食物当然也会更快更容易。使用正确的装备你就能钓到更多的鱼。所以说"拿一把大一点的锤子"，只要能够完成更多的工作，这样做确实是有意义的。

但是，我们永远都不能忘记，工具只是工具——器械、用具和装置，它不能自己去完成工作——但是我们能做到这一点。

如果因为工具而让事情变得一片混乱，就是非常糟糕的。如果一个优秀的人养成了习惯，由工具来决定他的失败和成功，那么他就会飞速地堕落。例如，工具坏了，所以时间也就停顿下来了。但是，是我们而不是我们的工具让这些问题发生的。

如果司机不能把新型的卡车应用于工作或者不会看地图，那么这个工具就不能帮助货运公司走出困境。在采矿的时候，一台两层楼高的水陆挖掘机肯定比金制的平底锅更有用，但是如果没有找到金矿的话，无论它工作得多快多好都没有什么意义。一个聪明的、训练有素的技工能够从新的工具中受益。而一个拙劣的技工即使拿着市面上最好的扳手，也不能让发动机更好地工作。外科医生如果来晚了，就算用最先进的医疗器械也无法挽救病人的生命。一个儿童足球队的小队员发挥得不好，并不是因为父亲给他买了一双便宜的足球鞋，而是他没有好好做传球练习。

工具不能命中目标，不能赢得比赛！工具也不能有所成就！工具只能是一种器具。

有些东西就像外卖一样毫不起眼，却能给你的生活带来很大的改变。有了外卖我们就不用"出去"吃饭（从而可以解决工作被中断、节食无效和如何更好地利用时间的问题），这样，每年可以多出 300个小时，10 年可以多出 3000 个小时，一生就是 1.8 万个小时或者说是两年多的自由时间——这就是使用工具的结果。要记住，不是快餐盒自己做到了这一点，而是因为你使用了它。

同样的道理，电子设备、壁橱、文具柜实际上也不能管理物品，它们都只是我们所使用的工具而已。它们自己不能完成任何整理工作，也不能把任何东西放回原处或处理掉。

任何工作只要涉及机器就会产生更多错误的判断。如果机器有可能完成一些工作，让事情进展得更快，我们就会放手，莫名其妙地认为机器可以做完所有的事情。机器是不能完成工作的，我们不能依赖于它们，它们只能扩展我们的能力——我们还是需要计划、需要方向、需要自己去做。

计算机是一种伟大的工具，但它并不是什么都知道，什么都会做，能够自我操作的管理者——它也不过是比较好的工具罢了。"计算机能做很多不可思议的事情。"人们这么说。其是不是这样的。它并不是自己在做事——只是在帮助你做事。

我所有的书在网上已经十分畅销，现在，我的公司里有几百台计算机，我惊讶于它们居然能够帮助我们做这么多的事情。同样，我也很惊讶地看到，如果我们不能好好地利用计算机，它们实际上也可以轻而易举地干扰我们的工作。

这里你必须注意——许多工具都是设计出来帮助我们更快更好地做事的，但是如果我们不能掌控它们，最终就会给我们的工作带来很大的阻碍。我还记得第一次使用无空气喷涂枪的情形。它能喷出一条十分平整的 1 米宽的漆雾，只需要一个伙计不停地装入油漆就行了。它可以节约大量的时间，5 个油漆工都站在边上肃然起敬地看着它工作。所以，即使我拥有了一个可以提高工作速度的工具，那天也没有干更多的活儿，这项工作最终还是占用了 6 个人的时间。

» 先进的通信设备

有一次，我和一个商业伙伴在炸鸡店里吃午餐，一个人拿着手机大摇大摆地走了进来。他吃了两个鸡腿、一盘鸡翅、一大堆凉拌卷心菜，同时还接了 3 个电话，打了 2 个电话，全部都是琐碎的小事，并且一直嗓门响亮，好像在告诉整个餐厅的人他是多么重要。

我从没见过高效的生产者会沉迷于先进的通信设备——但是新手肯定非常喜欢。他们似乎不明白，不管我们可以多么迅速或者巧妙地建立联系，仍然都要去处理电话里所讲的那些事情。也许本来你是可以在上路前、离开家之前或离开市镇之前完成这些工作的，那么你就根本不用打电话了。对有些工作来说，保持即时联系——无论在哪里——是必要的，但是对大多数人来说，手机及其所有的相关产品都只是另一种消遣罢了。

还有，传真机也是一个很棒的机器，但是它不能治疗拖延症，从而让工作按时完成。它只是一种工具，能让印刷品的传递更为快速。

快捷的工具实际上反而会妨碍拙劣的经理，因为他们会误以为自己正在进行管理，其实他们只不过是在学习使用工具罢了。

» 更大更好的机器也许不是解决问题的方法

你可能会很吃惊，"手工"仍然可以最有效地完成很多事情。有一天，林强带着儿子在农场的畜牧栏上挖 3 个柱状的孔。儿子对他说："我们用自动打孔机吧，爸爸，它打一个孔只要 1 分钟就够了。"林强告诉儿子，如果用手的话，每个孔也只要挖 10 分钟。"那就需要干上 30 分钟了。"儿子说。

"是的，不过，还是用手工打孔要快些。因为我们要先把打孔机装在拖拉机上，打完孔后还要把它取下来，这就要花去近一个小时。所以我们至少可以省下半个小时。"林强回答。

你并不是一定要有一个新机器或者更大的机器才能完成更多的工作。有时候，打电话订购机器、等待机器送到、操作一台机器会花更多的时间，这大大增加了时间和费用。

还有一次，有一位砂石运输工把我订购的一些砂石倾倒在路中央。他关心地问我要到哪里去找一辆装料机或拖拉机来把它们铺开。接着他又去装货了，45 分钟之后才回来。回来的时候，所有的砂石都平整地铺开了，并没有用什么大型的机器。这个运输工一辈子都靠这种设备为生，和它打交道，从来不知道一个人仅用一把铲子和一辆手推车，能够徒手做什么事情。

当农场的拖拉机还没有装上装厩肥机的时候，林强的父亲常常一天搬运 12 车化肥，每次都是徒手用干草叉把一个又大又旧的延辗机装满。他不仅完成了工作，而且还非常有效率。新的机器确实做得更快，但是也非常昂贵，而且一年中有 95% 的时间都是闲在那儿的，需要做大量的维护工作。比起手工作业，维护机器常常会花去更多的时间。

人们一直都是使用机械来做这些事情的。拖来一台 1400 元的锄耕机挖一个洞，花费 80 元，而这个洞只需一个小时就能挖好——只是因为这台机器是做这个活儿的最新方法。（然后，再去健身房花钱做运动。）

承包农场的人都相信，更大更好的机器能够弥补生产力的落后以及价格的下跌所带来的损失，但是买回这些机器之后，他们却遭到了失败。林强家有一台小型多功能谷物联合收割机，价值大概 7500 元，可以割出 1.5 米的宽度。邻居买了一台可以收割 3.5 米宽度的收割机。用林强家的机器收割谷物要比邻居多花一个星期，邻居只要两天就可以完成了，而其余的 363 天，这 15 万元的投资就在那儿闲置着——人们使用工具的方法是多么可怜、多么致命啊！

在我自己的工作领域里，我遇到了很多人，他们过度地使用工具，努力地想让清洁工作变得更加简单。在他们的水池下面，在干净的壁橱里和储藏室里，装满了清洁剂和各种器具，足够一座商业办公大楼用一个月的了——但是他们的屋子却乱成一团。更多更好的工具不是万能钥匙，过度地使用工具能够轻而易举地扼杀我们的主动性，而不是带给我们更多的闲暇时间。

无论是从逻辑上、理论上，还是从名义上来说，更大更好的机器都比手工工作快 10 倍。即使是这样，机器也并不总是能为我们赢得时间。所以，如果机器让你也快要变成自动化的工具了，这时你就应该注意。在工厂里，自动化是很奏效的，效率很高，因为工厂都是一遍遍地重复相同的工作——而你很少会这样。你是一个生产者，不是生产线，这有很大的区别。

除非你一定要依赖于它们才能完成工作，否则，所有更大、更好、更新、更快、更准确的工具对你来说都会消耗更多的时间，也可能最终你会被它们控制了你而不是你去控制它们。想想吧！这个小小的道理可以让你成为工作的主人。例如，有一天，一位工程师朋友看到我用铲子花了一个小时把整个花园的土翻了一遍，告诉我："唐哥，如果你的铲子大一倍的话，半个小时就能做完这件事了。"从技术的角度和数学的角度来说，他也许是对的，但是我得一次次费力地举起那把更大的铲子，所以，使用更大更好的工具，我可能要花上3天的时间才能做完（也许还做不完）。

现在让我们去找找真正的帮手，就从最好的一个开始——

依靠你的伙伴

怎样才能得到他们的帮助？先给你自己贴上下面的标签：

* 我是一个不错的人。
* 我需要／想得到帮助。
* 一起做事将会很有趣。
* 你可以成为其中的一员。

大多数超级实干家都有一张一样的标签，而且一天24小时地带着。你没看到他们身上的标签吗？就在那儿，其他所有人也都看到了这张标签，所以才能这么有用。

成功人士就是这样设法得到帮助的。他们将自己的道路公之于众，不怯于告诉全世界，他们正在做什么："这就是我要做的事情、何时做、怎样做以及为什么做。"而普通人在公开规划方案的时候就会小心谨慎，甚至会很害怕（以防什么事情出了问题）。高效的工作者提前表达自己的想法，让别人能够走在他们的前面，而不是跟随着他们。

方向明确的人会立刻吸引我们。我们在精神上会和他们融为一体，不知不觉间就对他们忠心耿耿。这是因为实干家有明确的方向和目标。他们正在朝着某个方向前进，正在行动，而且他们的任何进步和一举一动都是让人振奋的。一般人都在等待着这样的事情，并且会很高兴地参与进去，所以他心甘情愿、热情高涨地尽力完成自己手中的任务。人们喜欢忙碌一些——他们愿意置身其中，想参与"正在发生的重要事件"。

来自伙伴的帮助可能是你所能拥有的最宝贵的资源，因为这和别人的生活以及时间有关系。实干家能得到很多帮助，是因为他们通常都没有私心，不会贪婪地攫取所有的快乐和荣耀。所以一定要经常慷慨地与别人分享你的一切，分享成功的光荣、赞扬和利益。

私人顾问

有很多好心的、知识渊博的人，而且，在需要分享自己的知识时，他们也是最乐意和最慷慨的人，这或许会让人有些惊讶。我特别喜欢从他们那里获得信息，而且我也很愿意让他们来评估和指导我的工作。

一些人因为生活的教训而对"跟随领先者"这一说法抱一点儿批判的态度，所以最后他们转而去跟随追随者了。在你需要建议的时候，去找一个真正的执行者；绝不是只有专业人士（他们是要收费的）或者教授才能做这样的事情。如果有的人确实是踏实肯干、有真才实学、堪称典范，你还能找到比他更好的榜样和伙伴吗？每天我都在寻找机会，并且真的从那些各方面都和我完全不同的人那里得到了建议。他们有的是女人，有的是男人，有的年轻，有的年长，而且有的学历不高，但他们都是专家，并且喜欢人向他们寻求帮助。一个精通自行车或养蜂的 14 岁少年，与你直接交流一个小时，就可以给你更加坚定的方向、答案和意见，也会有更加翔实的事例，这比大多数书本或者课程几天甚至几星期所能给予你的都要多。刘悦对房地产这一领域所知甚少，但是她成功地做了很多房地产交易。她有什么诀窍？在行动之前，她会和那些在房地产方面非常成功的朋友交谈，向他们提问题。

我从很多员工那里获得了不少知识，也对各个领域都有了极好的了解。他们可能是经理，也可能是薪水最低的职员。

一旦找到了可以帮助我的专家，我就会和他聊一会，学习自己所需要的东西，让他们帮助我解决问题，实现我的想法。有的人不仅仅能为你的目标开辟出新的道路，而且还能让这条道路畅通无阻，这样的人会对你特别有帮助。

» 紧迫盯人法则

大实干家总是忙忙碌碌的，但是他们也不会排斥你。如果他们不能马上帮助你，那么使用被我称为"紧迫盯人法则"的办法就行了。世界上有一些超级高效的工作者，他们知道应该怎么做、为什么做以及要做什么。在他们身边待上几天，你所学到的东西，比那些老生常谈的理论几年教给你的还要多。这样的人也并不是都在大公司里工作——就在你们镇上或者城里的某个地方，有些最好的生产者正在经营着小餐馆或者小商店。

曾经有一段时间，我对吉他特别感兴趣。我看了一些书，自学自练地弹，过了两年，我可以演奏《一闪一闪小星星》当中的一段了。后来，一个吉他手搬到了我住的那条街上，我每星期都会拖着吉他去他那儿两次。我跟着他，听他弹奏，问他问题，这两个星期我学的知识比过去整整两年学的还要多。

接触、观察那些出色的实干家，并且和他们一起工作。注意他们怎么做准备、怎么找准目标、怎么着手做事。看看他们屋子里的灯，早上是什么时候亮的，夜里又是什么时候灭的。

如果你真的想知道如何才能成功，就找一位事业成功的母亲，一

直跟着她，观察几天。这会胜过关于"积极做事"的任何课程。她早上一醒来就诸事缠身，一天中还会有几十件事情要做以及各种突发情况——你看见过这样的母亲有休息的时间吗？看看她们是怎么做的，她们有决心，有激情，还有对家庭的爱和真正的关心，所以她们有强大的生存动力。她们从不停下来或者慢下来，不知怎的，所有的事情就都做完了。

所以，跟在这些高手身边，观察、提问，甚至替他们干一会儿活儿，你就会学到让自己受益匪浅的习惯和技术。观察比听讲更能让你学到东西。积极进取看起来一目了然，却很难表述出来。

团队援助

应付个别的帮手并不太困难，也没什么风险，但是在涉及节约时间的时候，让一个团队来给予你帮助，这就是一把真正的双刃剑。

对于你的项目或者事业来说，集体援助至少有 4 个来源：

1. 委员会；

2. 会议；

3. 研讨会和课程；

4. 协会；

所有这些都可以帮你节约时间，但是如果不多加注意的话，它们也可能会扼杀你的项目——用光你的时间。

» 委员会

委员会做了一些出色的工作——建立良好的关系、挑选和监督新的领导、聚集有识之士成就光辉的事业。

另一方面，在委员会开完会、搞完活动之后，每个人的笔记、报告和奖品都可以堆满国家图书馆。

除了拥有很多杰出的人才之外，委员会成功的关键通常都是因为它的领导者。在很多情况下，5 个人组成的委员会运作得最好，当 4 个人无法形成决议的时候，领导恰好能够完成这项工作。虽然很多委员会确实取得了一些成果，但这并不能证明他们为此所花费的大量时间是值得的——所有的旅行和餐点，还有所有的解释和汇报。如果你发现委员会正在筹备什么活动，而你是其中的一个委员，那么，提前一个晚上做完所有分内的工作，把你的那份开支节约下来，你就会在时间和金钱上都处于优势。

» 会议

在各种小册子里，在广告、电影和电视节目里，流行的活动常常都产生于"会议"中。大老板坐在桌子的一头主持会议。会上，广告策划人正在评估"清凉无汗"除臭剂最近的广告活动。

会议：如果说和做并存，任何时候，都是说的比做的多。

人们都是从会议室里的会议桌上开始工作的。不仅仅是主管，还有父母、老师、传教士，都是在会议上表达他们的看法的，甚至连盗贼也都是在会议上策划他们下一次的大抢劫的。因此，我们被灌输也相信了这样的观念，处理任何事情的最好办法就是"开一个会"。

这或许是现在最大的管理谬论之一。只有几个原因是值得我们去开会的，比如，鼓舞或训练一个团队，就一个问题交换看法等。即使是出于这些目的，会议也不是唯一的解决办法，通常也并不是最好的。至少有 80% 的会议都太长或者没有必要，对我们没有帮助，甚至会削弱我们的工作能力。一群人聚拢来讨论一个问题并不能保证什么，会谈也不能确保有什么产出。如果人们总是要坐下来长时间地交谈，那么，你的会议安排一定是出现了什么问题。

在生意上或在家里，我发现大多数人在开会之前就已经知道他们做了什么、没做什么以及该做什么。会议的主要目的是进行辩解或者分摊责任。

开会很少能完成实际的工作——我们会制订计划或者分配任务，可能还会为它出谋划策，但是，没有实际的工作。在某个地点、某个时间，总会有人不得不离开会议室去完成这项实际的工作。

在我们打电话给某人，或是要找什么人做什么事情的时候，甚至在我们非得抓住谁的时候，总是听说"哦，他正在开会"，这不是很令人吃惊吗？会议似乎是神圣不可侵犯的，是每天必需的工作。对积极能干的人来说，完成工作才是唯一不可侵犯的根本之事。会议只是生产的附属品，所以，实际的行动不应该被会议所打断。

下一次你召集会议的时候，看看情况是不是这样，每个人都花了很多时间来为会议做准备，但是并不去关注会议所要解决的问题。你能想象一位有8个孩子的父亲为了家里的每一个决定或事件来开会吗？

在走进会议室之前，如果你必须用时间和现金来为这个会议真正的开销买单，那将会怎么样？你会恨不得在地上打滚、抱怨、呻吟。例如，把那些没有价值的、在办公室内召开的商业会议全部加起来，很容易就会花去8000元甚至更多的人工费用和茶水钱；那些大型的草率的会议，甚至会花费十几万或者几十万元。通常，开会就是为了讨论工作或者分配任务，而这些事情本来是可以通过电话或邮件来完成的，或者让某个新手来做就可以了。

"我们谈谈吧"，好的，谈谈，但是不要把这当成一次正规的会议，非要来点咖啡和果汁。如果有人说"我们碰一下头吧"，这并不意味着一定需要一间会议室、开幕闭幕演讲、宣传单和饮品。

如果会议确实非常重要或者不能缺少你的特殊专长，你就应该全程参与。而对于其他的会议，只要有可能，就应该尽量抽身出来，或者让别人去参加。

我避开的会议越多，做事的速度就越快，效率也就越高。"当然，我们可以开个会，早上6:00怎么样，那个时候我可以抽出一点儿时间来。"每次我这样一说，会议就出人意料地变得没什么必要了。销售人员和生意伙伴听完我的话，一言不发，最终会结结巴巴地说："哦，你知道的，唐总，我只要把材料传给你就行了。"

从今天开始，了解一下会议的实际成果或者收效，你会惊奇地发现，几乎没有什么收效。这样，很快你就不会再身处于这么多的会议之中了。

» 研讨会（以及相关的让人激情澎湃的课程）

在任何专业的讲师团体中，都有聪明绝顶和大师级的人物，也会有一些真诚但是缺乏创意的主持人和鹦鹉学舌的人——这些人只是简单地搜集和宣讲关于工作有意义的座右铭、故事和观点。再深入一些（报酬最高的人），有一些媒体制造出来的名人，外表光鲜的人，他们在讲授金融、家庭管理或者怎样做更多事情的时候，所使用的理据都是值得商榷的，可是却几乎没有人去质疑。

自从我被冠以效率专家的美称之后，我和一些专业人士交谈过。我们出现在校园里、会议大厅里、俱乐部里和公司里，还在电视台的广告中露面。我给几千个研讨班上过课，也参加过几百个研讨班，并且花了几万美元让我的员工去这样的研讨班学习。

研讨会可以改变你的生活，但是也可能毫无作用。我们都认识很多这样的人，他们参加了一些课程和研讨会，出来时并不见得比进去时要好。他们所有的收获，就是从教室里一次次地带走大捆大捆的规则和标准的时候增加了一点儿臂力。这些成千上万的热门研讨会（从如何通过房地产致富到如何赢得一个约会，从挽救你的草场到挽救你的婚姻），价格从2500元到7000元不等（还要加上其他的花费），只有少数能有确切的帮助，其他更多的都只是在浪费你的时间。根据目标来进行选择，才能防止自己眼花缭乱。要注意是谁来给你上课。让人过目不忘的标题和流行的理论都不能保证研讨会的价值；事实上，你自己有时可能会比那些老师更能干，更懂得如何提高效率。

"行动主义者""专家""××大学毕业生""董事会的创始人""顾问""经理""××博士""著名的""取得……资格的""受到追捧的"，这些全都没有什么用。由谁来上课？他是不是一个真正的实干家？还是只会研究和搜集其他实干家的事迹？在你急切想要学习的领域，他是不是一个专家？你是愿意听一个真正的专家讲课，还是愿意每天花几百块钱听一个人照本宣科地念事先写好的讲义？我不想让我的经理、我的孩子或者我自己去听那些空洞的辞藻，也不想听那些对"没有发生的事情"的不厌其烦的预测分析。看看谁是负责人——这年头，任何人都可以写书、上电视或拿个什么学位。这些都不一定能让一个人有资格站在数百人面前高谈阔论。如果他就是你心目中的榜样——那么，背上包去参加吧！

» 协会、成员、组织

司机、老师、农夫、飞行员、化学家、汽车修理工、钻井工，各种行业、各种爱好、各种工作都有它们的组织或者协会。我们都是其中的一员，我也在几百个协会上发表过演讲或给他们上过课。

大多数组织的目标是很好，很单纯的。团结起来，合并资源是一个很不错的主意，能够有一个正式的时间和地点来交换信息、提升自己和相互激励也是一件很好的事情。如果选择正确，运用得当，团体和协会可以帮助你改善生产力、加快发展步伐，让你所有的目标和任务都能更好地完成。

然而，就像所有人的一贯作风那样，我们很快就会成为一盘散沙，或者把简单的问题复杂化。或许你还没有发现，那些会员们聚在一起已经不是在交流经验，而是在搞社交和扩招会员了。那么，当然，就有会费了——而且，任何组织肯定都需要行政部门、工作人员、管理机构以及分发材料或邮件的系统。

在我们参加的一次收取会费的协会中，有很多都是为自己谋利的，所以也都是自行消耗资源。他们把大部分的人力和财力都花在了协会的组织工作上，而不是用来提升我们的目标。这里有一个例子，也许你很熟悉。我从一个全国知名的协会那里收到了一些杂志、时事通信和报告。在我收到的一份报告中，整本东西里只有一页是对协会的会员有用的信息。"报告"的其余部分在关注：

* 工作人员的个性及旅游；

* 工作人员的选举——候选人的名单和照片；

* 对组织的过去、现状以及将来的评价；

* 董事会议的活动；

* 对工作人员的成绩的奖励；

* 董事会主席的报告（基本上都是个人简历）；

* 感谢你的投票和关注；

* 好几页的照片，照片里的人们站着，手中端着酒杯；

* 有关会员增长的图表 / 报告；

* 抄来的诗歌；

* 关于协会的调查问卷。

翻看很多协会的报告，一页一页地翻过去，我们可以清楚地看到，这些报告对娱乐的关注远远多于给我们的教育和启发。那些会议和例会也是这样的，有潜在的价值。"我得在 20 多个正在进行的课程和会议中找出一个真正对我有帮助的！"这是在协会昂贵的会议地点待了四五天之后，人们最常见的抱怨。再说一遍，参加会议可能会物有所值，也可能会对我们有潜在的帮助，但这也是拿我们的时间在冒险。关注并且仔细考虑那些毫无疑问能让你有所提高的组织和课程；至于其他的，要做一个高效的工作者，你可能不会想参加。

怎样和其他人共同完成更多的工作

实干家不会简单地把事情交给其他人，或者只是参与到其他人中去完成一项任务。实干家会把握方向，让事情处于自己的控制之下。怎样去做"需要多人协作"的任务，对你的产出和成就来说，会有极大的影响。比如，另一个人将要与你共同完成某项任务，你们一定要开会进行讨论。第一次会议会有 3 种可能的结果：

1. 如果你们两个人都不在状态、不能专心致志或者无精打采，而且你们都没有为此做什么准备和计划，这个时候开会或者开始工作，很可能只能对一些和工作有关的重要问题交换一下看法。

2. 如果开会时，你确实组织好了自己这一方的事情——设定目标、提出想法、写好大纲、准备实例、画好草图或者其他任何事情——而另一个人仍然是完全没有准备，比起第一种情况，你们可以完成几乎两倍的工作。

3. 如果开会的时候，你们两个都已经完全了解情况，做了充分的组织和准备，你们就能完成一些有用的工作，和第一种情况相比，这时能做的事情几乎有 3 倍之多。

这就是如何与其他人合作完成更多工作的小秘密，但是我却花了几年的时间才领悟出这个道理。我总是没有事先通知就随便地逮住某个人，让他去做或者去完成什么事情。渐渐地，我发现，在我和别人打交道的时候，如果预先把任务梳理一遍，写下我的想法，起草一些计划等，然后带着一个可能的解决方案（而不是一个问题或者一个麻烦）去找那个人，我就能完成双倍的工作。有一天我意识到，如果我能坚持让每一个来找我的人也这样做，我甚至可以完成更多的工作，而且会完成得更好更快。

在接下来的几个星期，不管是在家里还是在工作中，如果有人来找你处理什么事情或者确认什么事情，都按照这种方法来做。告诉他们要带什么，在哪里碰头，你就能看到自己的生产力在提升，完成工作花的时间越来越少。

一些你没有看到的帮手

所有高效的生产者都有一些秘密的帮手——有助于提高效率的事情。这些东西可能会很普通，也可能和"常规"非常不同，却能为实干家创造奇迹。它们有些是有形的，有些是无形的。下面是一些秘密帮手。

» 与人和睦相处

你要和自己周围的人——那些和你关系密切的人，特别是你的配偶、搭档、家人以及日常的伙伴——和睦相处，因为不和谐是最能消耗时间和精力的。不和谐会让你一事无成。它会一直占用你的时间——你要应付它、为它做准备、提高警惕让自己不要陷入麻烦当中，还要从这种不和谐中恢复过来。对于时间的使用来说，你的生活伴侣是最重要的影响因素之一，其次是你的至亲，再者是你的同事和朋友——相比较而言，公众对你的影响非常小。要完成更多的工作，与别人和睦相处是最普通但最有力的办法。

» 备用物品不为人知的价值

我可以肯定，每年留出一天的"空闲"时间，你这一生最终可以省下一年，这是一笔不错的交易。我所说的一天空闲时间，并不是指休息一天，或者拿这一天做一些不必要的事情，而是抽出一天时间整理和收拾出一些备用物品，也就是那些最有可能突然发生的事情必须要用到的东西。这些东西到底是什么？竟然能够轻而易举地省下 50

美元，或者说是 50 分钟的时间，让我们不用四处寻找、暴跳如雷。

钥匙！我们都曾经为了一把还不到 1 美元的备用钥匙而失魂落魄。笔！我们都有无数次为了找一支笔来写一张单据、一条意见或者记录一个电话号码而掘地三尺。螺栓、螺帽和螺丝钉！这些东西不全，吞噬了我们生命中大量的时间。像钳子和螺丝起子这样的基本工具也一样，不值什么钱，却常常会让事情完全改观。

还有最普通的米面油和牛奶！家里的牛奶快要喝光的时候，我的家人就不得不跳上车，驰往商店买牛奶。如果每逢此时我都能存下 10 元的话，那么现在已经能买一头奶牛了。

还有备用现金。任何人都应该有备用现金，即使是最穷的人也不例外。但是，无论有钱还是没钱，90% 的人手上都没有任何现金来应付紧急的情况或者特殊的场合。想想看，有的时候，哪怕是 20 元也可以缩短一个项目所需要的时间，或者让一个卖小甜饼的孩子满心欢喜。

想想你在这些事情上浪费了多少时间和感情。

明天或者现在，找一点儿空闲的时间，把下面的备用物品放好，下一次在你忙得不可开交的时候，就不用停下来寻找它们了。

* 钥匙；

* 备用现金；

* 食品、日常用品；

* 卫生纸；

* 纸巾；

* 各种规格的电池；

*灯泡；

*签字笔 / 铅笔；

*纸；

*手机；

*透明胶带；

*数据线或充电宝；

*U 盘；

*手套；

*袜子；

*宠物食品；

*创可贴；

*汽油；

*手电筒；

*剪刀；

*闹钟；

*雨伞；

*鞋带；

*螺丝起子、钳子等常用工具；

*包装纸和蝴蝶结；

*生日卡和其他的祝贺卡；

*冷冻食品或者罐头。

» 认真地多准备几套东西

让"备用物品"的想法更进一步。多准备一套常用工具常常是花不了什么钱，也占不了什么地方的。

我认识一个年纪比较大的寡妇，尽管身体上有一些不便，但她还是做了很多事情，并且总是对任何事情都胸有成竹。在她的一次生日聚会上，她向我们一群人解释她是怎么做到这一点的。她平时凭借拐杖行走，要带什么东西或拿什么东西都很费劲。所以，凡是经常需要用到的工具，她都准备了好几套，放在任何可能会用到的地方——床边、沙发上、桌子上、阳台上等。她走到这些地方，就可以看书、缝被子或者做其他事情。我从她那里学到了很多，例如，现在我就有4把榔头。一把在屋里，一把在卡车上，一把在店里，还有一把借给邻居或者社区搞活动用。如果我想敲打什么东西，随时都可以做，而不用找上一个小时，才发现我上周把它借给一个邻居了。

» 吸取经验

大多数高效的工作者不光了解历史，而且推崇和尊敬历史。在开始做什么事情或者买什么东西之前，在计划之前，在为什么事情付出代价之前，他们通常都会问一个简单的问题："这件事情以前有人做过吗？"接着，他们会再花一点儿时间来回顾一下别人是什么时候做的、怎么做的以及为什么做，这能让他们了解到第一个做这件事情的人所犯过的错误。所以，在这个过程中，高效的工作者可以省出很多时间、减少很多麻烦。我知道，我们都喜欢做自己的事情，但是，花一点点时间来关注一下别人的工作和别人做事的技巧，可以让你有前车之鉴，节约很多时间。

» 让每一个地方都成为你的工作场所

高效的工作者从来不用找事做——他们随时都保持着工作的能力和做事所需要的全部精力。他们随身带着想要完成的工作，而不是把工作放在桌上、磁盘里或者抽屉里的某个地方。这就为完成工作提供了一个极好的条件：可操作性！面对工作、朋友，我们不要老是坐着不动。我们要一直忙碌着，每一个人都是这样——富有的、贫穷的、有名的、默默无闻的、成功者和失败者，甚至我们的孩子，也总是忙着做一件又一件的事情。我们都要动起来。

在工作场所我们几乎总是忙得无法工作，不是吗？"动起来"意味着在很多新的不同的地方做事情，意味着在你去什么地方的路上做事情。目前，时间专家认为，我们每个人一生在路上的时间平均是5~6年。我们的身体在动而大脑不动，这真是太常见了。很多人会聊天或听 CD 等，从某种程度上来说，这也是一种对旅途时间的有效应用，但是，大部分事情都是要去做的，而不仅仅是听、谈论或计划。社会上有一些反对工作的人，会让你把"工作"推后，或者留在办公室。为什么？如果做这些事情对你来说是有好处，有回报的，可以教育你或者你的孩子，给你们带来乐趣，教会你们东西，或者让你们生活得更好……为什么不去做呢？

有效地利用旅行时间是很容易的——只要把要做的工作随时带在身边就行了。在任何地方都别忘了你的想法，都拿着那些便于携带的工作——在娱乐的时候、看球赛的时候、度假的时候、等人的时候——在你头脑放松的时候或者想着完全不相干的事情的时候，这样做可以让你抓住那些偶然飘过的灵感。

你可以选择合适的方式来携带你的工作。我有一个可以随身携带的最大体积的公文包，里面装了一些黄色的便笺纸、签字笔、照相机、耳塞和一两包葡萄干。无论是在 10 千米的高空、在计程车里、在溪边钓鱼的时候、在床上、在晚餐桌上、在电视机前、在拖拉机上、在医院、在电视台还是在海滩，我都可以写完一本畅销小说或者制定公司的策略。让每一个地方都成为你的工作场所，乐趣就将随之而来。

» 积累零散的时间

我们总是想寻找大块的如金子般宝贵的时间来做事情，其实那些金粉或者精炼的金粒——我们存下来的、收集的、称过重量的——加起来也和大块的金子一样多甚至更多。人们只要把称重量时掉在地毯上的金粉存下来，就能成为一个富翁了。

对时间来说也是一样。你可能把所有大块的、大段的时间都用来忙于其他的事情或者家庭事务，那么在这些事情的间隙——零碎的时间，你干了什么？看电视、开车去什么地方的路上、等待、想入非非的时间呢？承担更多的责任能够教会你怎样更好地去利用零散的时间。有多少人遇到过这样的状况：当你忙得不可开交，即使是你不得不做的事情，也感觉没办法再挤到你的时间表里去了。接着，总是有一些重要的额外的工作出现，要么是你不得不做的，要么是你很喜欢做的。不管是在家里、在工作中，还是在社区，你都不需要放宽自己原本很紧张的时间安排，对任何一件非做不可的事情，你也不用急急忙忙地去赶。但是，一个星期结束的时候，你还是完成了所有额外的工作，而且做得不错。每个人都很惊讶，一边问你是如何做到的，一边不停地惊叹着。你想了想（你真的没有筋疲力尽），自己也觉得很奇怪："我是什么时候完成的，又是怎么做到的呢？"你只是利用了零散的时间、休息的时间和间隙的时间——那些游手好闲的时间、等待的时间、闲聊的时间、路上的时间。它们就充斥在你的周围，而且通常都没有被占用——这些零散的时间可以解救你。

什么都不做是一个很大的错误，哪怕你只做一点点，也没关系——积少可以成多。

要将工作随身携带的另外一个原因是，你永远不会知道自己在什么时候、什么地方会有空闲的时间。我每天都能利用一些间隙写五六封邮件。我的大部分提议、促销点子、计划和书稿都是忙里偷闲完成的。事实上，最近几年我写的书也都是利用一些零散的时间完成的，穿插在我日常的 10 小时工作中、在我的家庭职责里以及我在社区里所承担的事务中。这对我来说并不是一种压力，它是一种休息、一种放松、一种回报。

我和你们有些人一样，也喜欢看足球，除了进球和威胁球门的瞬间，其他大多时候都只是球员满场跑。那么，在比赛进行的同时，我就有 30~60 分钟的时间来工作、思考、写作、画画或者和孩子玩。并且不会错过比赛中的任何一个精彩瞬间。

你有多少可以利用的时间？很多看门人告诉我，他们工作的时候，每天都可以抽出 6 个小时来。据估计，中国人平均每年至少要花 2000 个小时来当观众或者听众——那几乎是一年的四分之一！我们每年因为交通堵塞也至少要花去 150 个小时。而你还在说没有时间吗？抓住这些时间，做点事情。

我从来不认为半小时是微不足道的很小的一段时间。

—— 达尔文

把这些零散的时间积累起来。在一滴一滴漏水的水龙头下面放一

个大桶，几个小时以后回来，桶里就接满了水。不可能？可能的，这只是积少成多的一个例子。即使是一小股水流也可以很快注满一个大湖！就连世界上最大的雪坡也是由很小的雪花一片一片堆积而成的。

» 并不是非得亲自去做

节约时间的另一个重要的技巧是，能够认识到"亲自"并不一定是完成工作的必要手段。确实有些时候、有些场合，因为某些原因我们必须亲自到场，或者如果我们不去的话，一些重要的事情可能会出错。但是，并不是在任何情况下你都非得露个脸。

我们似乎还是有那种急先锋般的冲动，想跳上马立刻出发，但是如果你想提高生产力的话，在任何时候都不要这样做。没有什么事情像"尽快到达某活动现场"一样着急，走出去要花费的也不仅仅是时间、汽油和精力。去看所有的风景、所有的人，这会改变你的心情和状态，你回来以后就很难再重新进入到冷清的工作中了。

一个最奇妙的词语就是"送货"。我从前总是事必躬亲，现在我懂了，比如，付一点儿额外的费用我就可以享受客房服务，而不用把自己收拾得十分体面，到酒店的餐厅里去就餐（其实是到那里去等待，也许到了那儿还得等上半个小时或者更久）。如果你需要的东西没法送来，看看有没有其他人要去那里，他们可以停一下，帮你带过来或者帮你处理一下。甚至很多"一定要你签名"的事情，也可以通过授权，让别人来帮你完成。

我会用邮件来处理大多数的事情，很多时候，我宁愿写邮件也不愿打电话。虽然打电话比你亲自去要更省时间，但是也有一些东西需要注意。通常一个电话至少会变成两个，因为要做进一步的确认，要肯定你究竟要找谁或者哪一个部门等。而且通常到了最后，通过电话所下达的指令还是需要得到某种书面的确认。所以，大部分的通知、要求和任务委派我都会写下来，并且做一个备份。这样，工作就能完成，就能清楚地记录下来，而且所有的人都能明白。

支票和自动转账也是另一个奇妙的工具。我认识很多人，他们在发工资的日子，花上半天的时间跑来跑去，支付账单、算账和整理收据。其实在发工资的日子，把员工工资设为自动转账，通常支票都可以立刻全额兑现。你甚至可以设定账户自动支付账单。电子银行、网上银行和账单支付系统差不多能让你减少几天的工作，省下不少力气。

在你认为自己必须亲自去一趟之前，再想一下！

» 顺带解决问题

只要你愿意，就会自然而然地发生这样的状况：当你兴致勃勃地全神贯注在一两件事情上的时候，一些其他问题的答案、机会或者解决方案会突然出现。这些问题或者困难自己解决了吗？当然不是。在处理现在的事情的过程中，你所接触到的新技术、新想法和新资源解决了这些问题。

积极肯干的人就是这样看似神奇地完成了成倍的工作。有些东西恰恰会在你做其他事情的时候出现，这就是为什么你总是希望自己能有很多的事情和目标。

» 被遗忘的工作日

1 年有 52 个周末，再加上所有的法定假期和公司假期，大概又有 20 天可以休息、可以去玩、可以去庆祝等。你也知道——在这些"好玩"的日子里，大多数人都在高速公路上搏杀，在购物广场里、在速食店里、在酒吧里挤得水泄不通，在动弹不得的车里干坐着，在沙滩上被晒得奄奄一息。在周末和节假日结束的时候，大部分人不仅花了不少钱，还被弄得筋疲力尽、精神紧张、憔悴不堪、暴躁易怒。他们事实上根本没有任何快乐可言，所以晚上非得再想办法找点乐子。

有的人愿意在休息日做一些生活中真正有意义的事情，对他们来说，这些日子是很重要的，而且回报丰厚。比如，他们可以和家人一起在家附近做点事情，这样，比起被堵在路上、与人潮奋战或者在挤满了人的湖上划船，他们在一起的时间并不会更少。但是划船被贴上了"快乐"的标签，而做事被贴上了"工作"的标签，所以我们不愿意去做事，从而错过了一个能够带来个人愉悦的最美妙的源泉。事实上，在你和家人一起做大扫除，为花园除草的时候，可能会做更有意义的交流，会有更多的时间"单独相处"。

更有效率的假期？当然，假期就是为了让我们逃离工作、重获自由的，是为了让我们改变生活，让我们休息、恢复精力和放松的。拼命地玩上两个星期没有任何意义。你应该把工作当成娱乐，或者把任何一个工作目标排上日程，至少在你假期的一部分时间里，行动起来，做点有意义的事情。做一些有建设性的工作总比过度闲散要好，而且乐趣更多！

"你应该休息一天"，在你被这句抑扬顿挫的话语诱惑时，再想 1 分钟，你可以在其他所有人都出去休息的时候把事情做完。我发现，在公司里（在家里也经常是这样），工作、赶上进度、将事情向前推进的最好时间就是周末和节假日。当其他人都在外面跑来跑去，与长长的队伍、嘈杂的噪声、拥堵的交通奋战的时候，办公室或者家里的书房是一个平和安静的所在——没有拥挤，电话很少响，几乎不会有人造访，你可以真正地运转起来。

在休息日工作，成就了我的事业；让我有机会在孩子不上学的时候和他们相处；能够更好地了解员工；修理房子周围的东西；帮助邻居；完成社区的工作；甚至是擦窗户！一天结束了，我既兴奋又满足，而且，我还节省了金钱和体力，保住了面子，也不会受伤。

如今，周末工作差不多就是一种诅咒；你几乎不敢大声地说出来——即使是暗示也是一种侮辱，是一种过分的要求。不过这是一个不为人知的秘诀，它能提高效率，让你能力出众。如果你一定要这样的话，也可以把它称为周末的奉献，但是也可以快乐地用一个全新的角度去看——经营自己的周末。早点儿起来，着手做那些你一直很想完成的工作、那些一直在侵蚀你或折磨你的"哪一天"一定要完成的工作。这样做上几个月，看看会发生什么——不仅仅是你的工作，还有你自己，在身体上和心理上有什么变化。

我们在说的可是一张王牌！你的工作日会立刻变得更美好，你会对自己曾经痴迷过的所有游戏都一笑置之，因为完成工作给你的回报比这要好得多。

无论如何，假期已经不像从前那样吸引我们了。我们更加明白一个事实，假期就是我们犯傻、暴饮暴食和忙乱不堪的日子，它既花钱又花时间。不要因为忽略了你很少在意或者根本不在意的假期而过意不去——这给了你更多的时间，不仅可以完成工作，还可以去庆祝你真正重视的节日。

你也可以重新安排假日和休息日要做的事情，以期得到更高的效率。我会去钓鱼并且从中得到乐趣，但是不会在其他人都去的时候去。一般来说，在法定假日之后的一天或者工作日去钓鱼，你就能钓到更大的鱼，因为鱼儿不会被几十个钓鱼的人吓跑。并且你不会碰上交通堵塞和人潮拥挤，因为其他人都回去工作了，或者在家休养。今年，你试试看，在一些假日或者"曾经有重大事件"发生的日子，努力工作或留在家里和家人相聚，试过之后，你一定愿意一直这样做下去。

» 行为端正

我们要遵循规律、遵守法则、保持正确的道德规范。比较一下效率高的人和效率低的人，你会发现，高效的工作者有另外一个共同点：正直而高效。实际上，这是理所当然的。那些大部分时间都行为端正的人——讲真话、公正待人、保持身体健康——可以远离各种困扰，例如，他们不用时不时地遮掩、躲避、赔偿、处理纠纷，没有争执、仇恨、罚款，也不用上法庭。即使是最具有潜能的高效工作者，如果道德标准扭曲，最终也会让自己进退两难。解决麻烦需要时间和精力，接着你还必须让自己再次与社会协调一致。

如果一定要在所有提高效率的办法中选出一条最根本的，那么，"光明磊落地做人"就是最重要的。

用最有效的时间做最重要的事

本章将会给出一些简单而有效的办法，帮助你给自己的成功之钟加油，并进行适当的调节，使之运转自如。

目标是什么

如果我们在什么事情上失败了，而且也来不及补救，就总是会这样说："哦，事情本来就是那样的。"在那个时候，我们已经失去了太多的时间，甚至都不愿意承认自己曾经为这件事情做过准备、花过时间或者下过一番苦功。

多年来，我劳心伤神地学会了一件事，那就是在付出努力之前，要确信自己知道目标在哪里。目标不明确或太过笼统总会带来问题，尽管我们可能会想方设法地克服困难，完成工作，但通常还是效率很低，有太多的猜测、意外和延误。在我的个人生活和事业生涯中，接到过成千上万的电话和邮件——其中 80% 的要求都是不明确的、笼统的。最后，我学会了在回电话或回邮件时这样说："请准确地告诉我你想要什么。"如果是希望我做一个演讲，我就会问有谁参加、多少人，问清楚他们演讲的主题是什么，希望我讲多长时间。

最终，在得到这些准确而完整的信息之后，我就知道自己是否愿意去参加这次演讲，我的工作相当于完成了一半，这真是令人吃惊。

要有成效，而不仅仅是去做

在我为自己的清洁博物馆收集古董的时候，偶然发现了一个完好保存了 70 年的小玩意儿，在它的价格牌下面写着一句热情洋溢的话："这个东西很有用！"这个东西叫作"纱窗清洁器"，我对它深信不疑，把它夹在布满灰尘的纱窗上，看着那些小滚轮、小扫把和小刷子都在很好地运转着——旋转、滚动，精密的机械发出嗡嗡的声音。但是这个东西没有办法清洁纱窗上面——很多纱窗都一样——凹陷部位的灰尘、苍蝇屎和污垢。这个纱窗清洁器没有用——尽管它能工作。生产者和销售者都把能动和有改善搞混了。

为了追求"正在做"的效果，我们是不是也常常像那个清洁器一样？我们行动着，带来了噪声，转动齿轮，甚至扬起了灰尘，但是纱窗的表面还是那样，我们也没有任何进展。

我们会很有本事，可以在很多领域里工作得又快又熟练、安全又经济，甚至很巧妙，但是仍然收效甚微或者一事无成。

曾经与一个美国朋友交谈，他在美国西部长大，他说：你可以把一个人送到山里，让他围捕牛群。他也许骑术精湛、跑得又快又远、套索百发百中、了解公牛和母牛的习性，他的屁股在马鞍上磨起了水泡，所有的野营歌曲也都唱得婉转动听。但是，如果他一头牛也抓不到的话，这些就都没有用。

无论你在彩排和登台表演的时候多么努力，如果你的表演不能打动观众，吸引他们的注意力，给人以享受，那就不算有意义。

　　我见过很多作家，他们写文章和组织素材都很有一套，很有技巧，能够极妙地、得心应手地把段落移来挪去。但是，写出让人有所触动的文章才是目标——那才是最有用的。工作需要转化为实实在在的成果，除非这个成果从本质上来说并不是我们所要的结果。

把时间用在有价值的地方

取得过人成就的秘诀是，让有产出的时间尽量多，让没有产出的时间尽量少。我曾经听过的一次毫无意义的演讲，就是一个生动的反面典型。那个年轻人长篇大论地描述了自己为什么会被请来讲话，他又是如何准备这次演讲的。接着他解释了自己将要讲什么，以及自己将会怎样去处理这个话题。这时，他的 25 分钟演讲时间已经过去了 15 分钟。然后他用 5 分钟的时间粗略地谈了一下主题。对我们所有的听众来说，他的总结陈词就是对他的讲话进行了一次令人生厌的概括。

有的专职清洁工也有同样的问题，他们的工作很多，也都完成了，但是不知道怎么回事，总是赚不到钱。分析起来，他们每天做的事情都大同小异。准备工作和最后的清理工作是没有什么产出的。在有效工作时间（真正在做事的时间）里的收入必须要能够维持无效工作时间内的消耗。充分地准备和认真地进行清理工作也是很重要的，但是只有和价值成正比的产出才是有意义的。

你的目标就是把时间集中起来，做那些回报率最高的工作。如果能够设法做到这一点，你的时间就会越来越多，而且会有几倍的成果。为一件事情做策划、安排、分配和调整，包括启动计划都是完成工作的重要部分。但是要实实在在地花时间去做事才是最重要的，才是事情的核心。

一次，在我的清洁公司里，有一些人员必须开车到附近的城市去谈一笔生意。他们为此在公司里找了一辆合适的车，路上放着美妙的音乐，事先预定好了晚餐，查询了天气，统一了着装，给重要的客户挑选了礼物，定好了出发和到达的时间，等等。却几乎没有为会议本身——这才是去那儿的真正目的——做任何准备，结果会议搞砸了。

确定你是在脱粒，而不是在打麦子

几千年以前，人类发现了一种办法：用少量的种子，再付出一定的劳动，就能够得到很多精细的食物——于是我们开始种小麦。

成熟的小麦收割后，送到麦场的中间，人们使劲挤压和捶打小麦，把小麦扬起来，就会有大量的灰尘、麦壳和麦秸，这就叫作"脱粒"。这样一天下来，很可能会得到一堆干净的麦粒——这就是目标。但是有的时候，人们也准时出现，心甘情愿地、努力地工作，他们挤压、捶打、扬起麦子，并且认真地筛选，直到筋疲力尽。他们得到了成堆的麦秸和空壳，但是因为某种原因，却没有麦粒。

在今天也会有和过去一样的事情——付出相同的努力却得到如此不同的结果，真是太古怪了。我们把那些能够得到麦粒的工作叫作脱粒；而另一种工作，只能叫打麦子。

打麦子：付出很多劳动，但是没有任何产出。

我们也许都当过打麦人。早上，我们来到办公室，接电话、填订货单、制订计划、打电话、发传真、写邮件、讨论问题，一天下来，我们有一大堆好像是"做了"和"做完了"的事情摆在那儿。第二天，我们又准时来了，花了同样多的时间，一样的汗流浃背，一样的勤勤恳恳，但是一天结束以后，我们发现自己什么有意义的事情也没做。如果偶尔碰到这样的事情，我们可以认为"那天过得很糟糕"。但是，有时候，在很长的一段时间里，我们看起来都只是无数次地在打麦子，而不是在脱粒。就这样日复一日、年复一年，直至过了一辈子。我们甚至会看到有一些不错的生产者也会陷入这样打麦子的境地，尽管他们任劳任怨、兢兢业业、勤勤恳恳。不知为什么，虽然我们每天都做着差不多的事情，也确实是很努力地去做了，但是却没有成效。

即使工作没有成效，也还是能拿工资，这一点是非常可怕的——缺乏有价值的产出，老板和员工很快就都要去挣扎求生了。

事情很简单。如果既没有外在的压力，也没有内在的动力，那么无论是打电话、写邮件、找人、谈话、吃东西、休息还是作决定，不管干什么，我们都会多花5分钟或者10分钟来做一些琐碎的事情。如果我们每天平均有30项任务或工作，这样就会不知不觉地花去300分钟而没有任何产出——那就是5个小时！把时间细分一下，然后这里加点儿，那里加点儿，一天下来就会有很多时间了。所以，要确定你是在脱粒，而不是在打麦子。

不要被"忙碌"欺骗

　　忙碌几乎总是被理解为积极进取，是一个值得我们尊敬的字眼；我们也总是把"忙碌"当成一个理所当然的借口。实际上，忙碌的全部含义是某人正在做着某件事。我见过有人忙着睡觉、有人忙着浪费时间、有人忙着游手好闲、有人忙着偷东西——忙碌可以表示一心一意、全神贯注地努力做某件事，但是对实现目标却根本没有帮助。"我很忙"并不代表会有什么产出和价值；只是表明你正在进行某种活动。

心理上保持清醒可以提高生产力

在刚开始做清洁这一行的时候，我的朋友张超有两个员工，一个叫王刚，另一个叫李明。他们年纪相仿，在很多方面也都差不多。但是无论我们在哪里做事，也无论我们做的是什么事情，小王完成的工作几乎总是小李的两倍。他们的工作质量相当，但是小王要快得多。

张超曾经观察过他们做事的过程，看起来并没有太大的区别。但是一天结束的时候，与小王相比，小李只能获得大概 50% 的成果。这引起了张超的兴趣，直到有一天，事情终于水落石出了。那天，他们在清洁一个大型超市的天花板。小王、小李和其他 4 个小伙子在木板上、脚手架上或梯子上一字排开，个个都干得很卖力。小李的干海绵（一种用来做此类工作的特殊的软橡胶海绵）坏了，他跳下梯子，轻快地走到摆放新海绵的地方，从盒子里拿出一块，撕掉封套，再轻快地爬上梯子，找到自己刚才干到的地方，开始一下又一下地接着干。过了一会儿，小王的干海绵也坏了，他同样下了梯子，轻快地走到盒子边上，拿起一块新海绵。他在往回走的路上撕掉了海绵的封套，在爬上梯子的同时找到了自己刚才停止的地方。爬到梯子上面的时候，他就已经开始工作了。换一块海绵，重新开始工作，这件事情小王用了 30 秒，而小李用了 60 秒。为什么？因为小李没有在心理上时刻保持警觉。在到达指定位置要开始做一件事情之前，他没有去想自己接下来要做什么。

有一次，在清洁公司的一次活动中，大约有100名员工和他们的配偶参加。餐饮公司在每一面墙边的桌子上都放置了美味的自助餐，排队经过第一张桌子的时候，可以拿一点儿主菜、烤肉、点心等，然后再转到另一张桌子上去拿沙拉、肉卷、甜品和果汁。为了让这个有点拖沓的队伍走得快一些，张超承担了倒果汁的任务，在每个人装满了盘子之后，张超就倒好一杯果汁，递给他们。他注意到，有的人在这个过程中，拿的东西和别人一样，但是总能够加倍地整洁和快速。有的人却会在那儿至少站上5分钟，挑选、拿东西、犹豫。张超已经从每一个人的周报、月报和资产负债表中了解了他们的基本工作效率——这就有点意思了。那些慢吞吞的人几乎无一例外地都是公司里效率比较低的，而那些行动迅速的人也都是创造收益最多的人。他们是怎么做的呢？在这张桌子旁边等待的时候，他们就已经看好了另外一张桌子上的菜肴，并且决定好了要拿什么。反过来，那些慢吞吞的人在走到桌子旁边之前都在闲逛和发呆，然后再去决定，是要白面包呢，还是要麦麸面包。

杨青是我以前的邻居，在头脑清醒的时候，他做木工活儿和造房子的速度可以提高30%。在那之前，他总是用完工具几分钟之后就找不到它们了。每次一转身，他都要花10分钟来寻找刚刚还在这里的铅笔、扳手或卷尺。杨青的小儿子对这个印象深刻：他总是在爸爸去接电话的时候把工具藏起来，然后在爸爸四处寻找的时候再把它们拿出来，从而得到很多夸奖。好几个月之后杨青才发现他的这一举动。

"最为夸张的一次经历是，"杨青对我说，"有一天，我的工作进度落后了，而且自己刚刚还用过的榔头一转身就找不到了。我想一定是妻子干的，就马上怒气冲冲地找到她，看看她拿着榔头在干什么。

我肯定是她把我的榔头弄丢了，这时，她问我手上拿的是什么。就是那把榔头……这也是我心理惰性的印记。那一次，我下决心一定要改变自己。"

在农场里，人们常会坐在拖拉机上开很远的路。马达嗡嗡地响着，温暖的废气喷在脚上，这总是让你迷迷糊糊，完全放松警惕。这样的时候就一定会有祸事发生——开足马力撞上一块突出的岩石或者埋在土里的老树桩，把犁摔成两半。

做白日梦和想入非非的感觉好极了，但是不要让这些事完全占据你的心灵。只要在心理上保持清醒，你接受事物和完成工作的速度就会快得超出你的想象，你所不得不做的修补工作也会少得出乎你的意料。

别再不停地搜寻了

把事情写下来，或许还要再读一遍，这看起来似乎有点可笑。但是，我敢肯定，你今天已经是第 10 次甚至第 100 次在找这些东西了：钱包、支票本、戒指、手表、钥匙、眼镜。找不到我们想要或需要的东西——工具、衣服、报纸、地址本、电话号码、信息——会让接下来的 20 分钟（也许是半天）的时间没有任何产出。比如，我认识的一些出色的、工作效率很高的木匠，他们平均每天工作 8 小时，却要花 2 个小时翻箱倒柜地寻找他们的胶带、榔头、钳子等。难道你没有发现我们一生中大概要用十分之一的时间来找东西吗？所以，即使只把这个时间减少一半，你也能够多做很多工作，会让自己大吃一惊。

在杂物中寻找东西总是让我们分外沮丧。丢弃垃圾的最大好处之一就是让你在生活中不用东翻西找。摒弃杂乱，丢掉所有你不想要或不需要的东西（这些东西掩盖了我们真正要做的事情），然后：

＊把你所有的工具和要完成的工作都放在一个显而易见的、固定的地方。

＊用完东西后放回原处，下次你要用的时候就到那里去拿。

＊用大写字母做标记或者贴上标签。

以前，在建造房子或扫地的时候，杨青总要花大概四分之一的时间来寻找工具，这些工具被他拿起来又放下，放在其他的东西上或者被遮住了。后来他变聪明了！只花了几十块钱就把工具的手柄涂成鲜艳的红色或者黄色，从那以后，不管它们是放在别的地方、忘在邻居家还是借给别人，他都能够马上找到并且辨认出自己的工具。

把工具放在便于取用的地方

一个年轻人找到了一份工作，是在高速公路上画线。第一天，他画了 16 千米；第二天 8 千米；第三天只有 1.5 千米。第四天，老板把他找来"谈话"。

"你被解雇了！"老板说，"你开始还做得不错，但是现在……"

"我也没办法，"年轻人解释说，"每天我都离油漆桶更远了。"

你一定要确保关键的工具、任务和人员就在自己旁边，哪怕你不得不因此而重新布置自己的工作空间。即使是对高效的工作者来说，在工作的时候跑来跑去也是非常不利的。

把你的办公室、商店、厨房或院子整理一下，从而减少处理问题和拿东西的时间，这样可以明显地提高你的工作效率。就算是一件很简单的事情，比如在身边放一个废纸篓、降低柜台的高度或者找一张适合你的身高的桌子，都会极大地提高你的工作效率。

有的时候，我们把别的工作做得又快又好，最终却只是可怜巴巴地用省下来的时间找东西。无论什么时候，任何的不方便都会减慢我们的速度。尤其是正在进行的那几项工作，你要保证它们是随时都可以启动的。那么，虽然你正在做这项工作，但是，如果你的心情或者事情的重要性发生了变化，你也可以很容易地转到另外的事情上去。如果所有的工作都是准备好的，就在你眼前，随时可以看到，那么，只要 1 分钟你就可以投入或者说再次投入到这些工作中。

让别人能够找到你

我们似乎总是很容易就能够找到高效的工作者。让别人能够找到你甚至比你自己的能力更为重要！然而，总是有这样的情况，有些人冷静下来仔细筹划之后，准备真正积极地去做点什么事情，但是，别人不知道他们的电话号码，他们有好几个办公室而且都非常偏僻；此外，还有十几个助手把他们与其他人、其他事隔绝开来。其实如果不是这样的话，这些人可以做很多事情，而且常常是没有什么人能够比得上的。

如果别人不知道你是否还活在这个世界上，就不可能在生活上帮助你。比如，如果你失业了，你应该只是坐在那里看招聘广告吗？不是的！你最好能够出去积极地一边做事一边找工作——如果找不到其他的事情，那么，没有报酬的工作或者当志愿者也行——这样你就能够被别人看到，能够被别人发现。

如果希望别人打电话给你，就最好不要总是让电话占线——就是这么简单。如果你真的想做成事的话，最好把你的办公室电话、家里电话、手机号码和 E-mail 地址都写在名片上。人们要找得到你才能够给你差事、聘请你或者帮助你。如果你准备去做生意的话，那么就待在有生意的地方，也就是与你有联系的客人和顾客能够找得到你的地方。如果你已经和顾客联系好了，你要么就待在那儿，要么就要保证在货物送达的时候或者客户服务电话响起的时候，人们能够很容易地找到你。

　　的确，你常常都要放下重要的事情去做一些别的工作，但是到了一定的期限和时间，你就要让别人能够找到你。你并不需要站在大街上或办公室里，脖子上挂着"我在这儿"的牌子，而要提供一种明确的，你自己可以控制的方式，让那些需要你或者想找你的人可以很快地把消息传递给你。那么，你就可以比较此项需求的价值和你手中工作的重要性，从而做出相应的反应。

不要拖延工作开始的时间

前一段时间，我的编辑和她的助手整理出了一个清单，上面写着那些自诩为作家的人拖延写作进度的无休无止的事情：

* 把衬衫换成运动衫；

* 穿上拖鞋；

* 把眼镜擦干净；

* 校准手表；

* 松开腰带；

* 修剪指甲；

* 抓头发；

* 洗手；

* 照镜子；

* 找白头发；

* 洗脸；

* 梳头；

* 看脸上的痘痘；

* 刷牙，盖上牙膏的盖子，把牙膏放好；

* 喂狗；

* 把猫放进屋里；

* 做点小点心；

* 看看窗外；

* 吃小点心；

* 检查鱼缸；

* 把报纸拿进来；

* 收拾盘子；

* 煮咖啡；

* 倒咖啡；

* 咖啡溢出来了；

* 把溢出来的咖啡擦掉；

* 看一下麦片粥的盒子；

* 称体重；

* 把灯的开关擦干净；

* 调节灯的亮度；

* 清洁键盘；

* 擦掉显示器上的灰尘；

* 把废纸篓倒空；

* 练习一种新的签名；

* 调节椅子的高度；

* 给订书机装上订书钉；

* 检查打印机里的纸张；

* 看看纸上的水印；

* 玩一会回形针；

* 把回形针从地毯上拣起来；

* 把橡皮擦排成一排；

* 检查一下 E-mail 的收件箱；

* 在手机上玩一会游戏；

* 把纸抹平；

* 削铅笔；

* 清理铅笔屑；

* 给妈妈 / 奶奶 / 阿姨打电话；

* 选一张 CD 或选一个广播电台；

* 把所有 CD 按照字母顺序排列；

* 把所有的参考书编上分类号；

* 做仰卧起坐；

* 把书柜上面的灰尘擦干净；

* 看看垃圾邮件；

* 看 XX 公司的商品目录；

* 计算一下存款的余额；

* 打电话预约调整发动机；

* 清洁笔记本电脑；

* 把以前任务清单上的事情重新按照重要性排序；

* 打一份新的任务清单；

* 抚平墙上的画；

* 掏空口袋；

* 查字典；

* 阅读一些旧的杂志；

* 把所有的袜子都配成对；

* 把衣橱里的衣架都朝向同一面；

* 把一盒新鲜的发酵粉放进冰箱。

现在可能没什么事情可干了，只能写作了……

这些看起来是不是都很熟悉？只要我们愿意，每一个人都有离题万里的天赋。这就是拖沓、无所事事或者磨蹭。每一个词语，都代表着对时间不折不扣的浪费。

如果你希望自己的效率能够大大地提高，就要确保你用在工作或者项目上的所有时间都是在干活。大多数人每工作一个小时，大概就会有半个小时在找东西、沉思、挠头、想入非非、把东西拿起来再放下等。

给自己开个好头

即使对自我约束能力最好的人来说，有时开始一件事情也是很困难的。所以，如果你不得不把做了一半的事情放下，想以后或者其他什么时间再来做的话，应该停在一个容易重新开始的地方。你要把东西准备妥当——把箱子装满、把桶放在旁边、把衣服预先准备好、前一晚给车加满汽油。你要保证工具是锋利的，在书上做好标记以免寻找，在电话边上写下要拨打的电话号码，这样你就不用停下来查找，可以马上打电话。

你还应该让事情整洁有序。虽然在开始一项工作之前整理乱糟糟的东西和在前一天晚上整理，两者所花的时间可能是一样的，但是，即使是最优秀的生产者，在开始工作之前，也要在心理上做一番努力才能面对乱成一团的局面，这样就会拖延真正开始工作的时间。你还要把用得上的东西都找出来，这样一到某个地方就能开始工作了，相比之下，到了以后才到处找东西是一种真正的懒虫行为。

行动起来

　　在一次挖掘中，人们碰到了一块巨大的岩石，看起来就好像是扎根在地上一样。5个人试图用铁撬和铲子把它移开，但是直到筋疲力尽也没有成功。他们失去了动力，甚至根本不想再试一次；这几个家伙的力气、意志和雄心都所剩无几。就连点燃炸药的导火索听起来都好像要花很大的力气。所以，就像大多数"无法撼动"的任务一样，这块大石头就要被"搁置到明天"了。

　　他们疲惫地收拾好自己的餐盒，穿上衣服，准备收工。这时，一个工人看了这块石头一眼，发现有一小块突起的地方可以作为一个绝好的支点。他拿起一根木棒用力撬了一下，这块巨石移动了，动了一点点。只要动了，哪怕是微小的移动，都意味着他们最终能把它移开，而且意味着这件事情已经在进行了。这5个人脱掉了外衣，干了3个半小时，没有休息，也没有喝水，一直在和那块石头较劲，最后终于把它移开了。接着，大家哼着歌高兴地回家了。

　　你在生活中应该也看到过这样的事——对于要完成的工作，情绪是如何发挥促进或阻碍作用的。问题是我们总在等待自己的情绪达到最好的状态，总在等待我们希望的理想条件已经具备，要不就是在等待时机成熟，然后才去做事情。无论是什么事情，"完美"的时机大概100次中只会出现1次，所以我们在其余的99次中都吊儿郎当地干等着。

但是，只有行动起来才能鼓舞你的情绪。那么赶快开始吧！一旦你开始了，你就成功了一半。你有自己的情绪，可以给自己创造时机——所谓"理想状态"，大多数是营造出来的——时机不是上天赋予的。只要行动起来，你的情绪就会发生变化。等待情绪改变之后再来改变世界，这种行为就好像是站在一罐桃子前面，想等着盖子自己打开让我们享用美味一样可笑。

用最有效的时间做最重要的事

当我还在读大学的时候，有人告诉我，和晚上结束工作之后或者临睡前的时间相比，上午学习的效率要高出 3 倍。我试了一下，结果让我大吃一惊。上午的 30 分钟胜过晚上的三四个小时。无论是阅读、写作还是背书，我都可以做得更多更快，并且能够记得更久。效率真是高了很多，花更少的时间就可以做到一样的事情。

另一方面，在晚上做一些对心理和身体的压力都比较小的事情，是很有意思的，还能让你安然入睡。

高效的工作者会选择和使用最有效率的时间来做最重要的事情！任何时候都别让可有可无的工作占据你精力充沛的时间。在你头脑清醒的时候，不要去整理文件、写邮件或者阅读邮件和杂志。高效的工作者会在琐碎的时间做一些琐碎的事情；他们永远不会在最有精神的时间里"去死皮"。

我把所有需要阅读或回复的小问题——邮件、表格、问卷——都集中起来，当我偶尔有时间的时候，例如，在飞机上或者在车站等车，那个时候我的人不得不待在那儿，但头脑却是空闲的，这时，我就来做这些事情。我绝不会在精力充沛的工作时间或者是与孩子、妻子在一起的时候做。（利用枯燥的等待时间来处理一些细枝末节的琐事，我甚至已经因此而出名了……）

转换工作

　　大家经常问高效的工作者这样一个问题："你哪来这么多的精神和力气做这么多的事?"毕竟，人们在做一件事情的时候很容易泄气、烦恼、疲惫和焦躁。那么，来猜猜看那些积极能干的人是怎么做的，他们也会泄气、烦恼、疲惫和焦躁——他们也是和你一样的人，也完全一样地会受到感情和精神压力的影响。这就是他们要同时做好几件事情的原因。

　　这种方法可以称为"转换工作"，当一项工作或者任务变得拖沓、无趣，又或者碰到了障碍时，你就可以跳到另一艘船上去，把这件事放在那儿，去做其他的事情——我们都曾经这么做过。当你躺在床上或者在排队的时候，也许是一个姿势待的时间太长了，你的胳膊和腿都要抽筋了，这时，你就会变换一下重心，伸展一下身体，蜷成一团或者翻一下身，任何能让你摆脱束缚的举动都会让你觉得非常舒服。

　　对于任何一项工作，无论是在心理上还是身体上，我们的忍耐力都是有限的，转换工作是一种很好的办法，可以让我们能继续去做其他的事情。如果想要跳到别的船上去，你就要保证自己有一个很庞大的舰队，这样，你离开了这一艘船，马上就有另一艘船可以落脚。很多人停止了一项工作或者遭到了失败之后，就只能无所事事、垂头丧气。实干家也会停下来，放下手中的工作，可能这样的情况比其他人更多。他们的秘密就是，有几十件其他的（不同的、崭新的、有趣的）事情等着他们去做。接着，一个小时、一天或者一个星期之后，当另一项工作也变得沉闷，他们开始厌烦的时候，就可以再一次转换工作内容。

　　每年冬天的时候，我和妻子会到三亚待上 3 个月左右，以躲避北方冬季的严寒，每个人都认为我们只是从一年的繁忙和劳累中解脱出来，去那里休息一阵子。实际上，在离开三亚的时候，我们不仅进一步完善了自己在那里修建的基本不需要维护的房屋，还完成了十几二十件其他的主要工作以及几百件次要的事情。并且，我们也得到了休息，享受了阳光沙滩的美丽。

　　在三亚，这 3 个月我基本都在吃喝玩乐中度过。但这只是享受而已，所以我会用其他各种事情来充实自己。除了要修建那幢基本不需要维护的房屋之外，我还写了两三本书，另外还有一堆其他的备选事项。有一年，我用熔岩做了一个假火山（里面有一个隐秘的储藏室）。其他的几年，我修建了通向大门口的台阶、一面高高的由方块石头砌成的围墙。我们会种植新的树木和灌木，在小路上增加一些新的路灯。在邻居们粉刷房屋或修建车库的时候，我也很乐意出去帮帮忙。

　　这样我就可以变换很多不同的工作。照耀在黑色岩石上的热带阳光能把你烤熟，所以我就在多云的天气里修建假山。我不会在烈日下挥汗如雨，而会躲到树荫里种一两棵树，或者花一两个小时去花园里除草，直到厌倦了，我就抓起弯刀，走到凉爽的树篱边，砍掉那些枝蔓丛生的植物。一个小时以后，下雨了，我回到屋里，开始写书。当遇到一般作家都会遇到的障碍时，我不是绞尽脑汁地去想，而是转去写另一本书，让这本书再酝酿一下。在打字的时候，如果开始心神不宁，我就转而用笔来写作。在3个小时高强度的创作之后，我不会强迫自己再干上3个小时，这样既没效率又缺乏灵感，我会做一些其他的事情，比如整理一下艺术构思、做一些排版工作、给新书设计封面——只要不停下来就行了。昏昏欲睡的时候，我就跑出去，在房子周围竖起一些巨大的岩石，或者把石头砌整齐，再修建一条通向大门口的台阶，要不就使劲拖动一桶水泥，让自己精神起来。或者打扫卫生、移开树桩、平整车道。如果又下雨了，我就去修理工具，或者再回去写作，要不就接受一个采访。

如果你用这样的方式工作，就能既快速高效，又劲头十足，不仅精神抖擞，而且成果颇丰，因为在任何时候，你都能全神贯注，一心扑在自己所做的事情上。

有的时候，如果书写得很顺畅，我会一直写作或打字6~8个小时，甚至都不用起身。只要事情仍然在向前推进，就坚持做下去。但是，即使你开始走下坡路，走神了或者无精打采了，也不要停下来不做事，更不要拼命地勉强自己——换一项工作吧。你会发现，有很多别的事情也进展得不错，甚至已经快要完成了，而你确实也可以从这些工作中得到快乐。这样肯定比墨守成规，一次只做一件事情要好，并且日积月累起来，成果也是非常惊人的。这3个月，我只是随意地做了一些工作，却修建了90米的小径、30米的围墙、6米的台阶，而且完成了我那外形酷似火山的储藏室，写了2本新书，还接受了几十家媒体的采访。

只要某项工作还能给你带来快乐，就一直做下去。而当你在工作中开始拖拖拉拉的时候，你自己是会意识到这一点的，那么就改变一下——做一些其他的事情，如果很想睡觉的话，就去睡吧——这能让

你精力充沛。

　　生气的时候你能做更多的事情吗？我很怀疑这一点。情绪会影响每一项工作的效率——心情越糟糕，作出错误判断的可能性就越大（即使你做事的速度在加快）。我们不能只是走来走去，等到自己心情好的时候再去完成工作，也不能为了让自己兴奋起来或者重新兴奋起来而花费大量的时间。真正的生产者会随时列出很多任务、工作和责任，来调整自己的情绪。那么，他们就可以很容易地转而去做另一件让人充满激情的工作。如果一件事情让你心烦或者太难下手的话，先把它放在一边吧，去做那些适合自己情绪的工作。

怎样从一项工作顺利地转换到另一项工作

　　为了避免"换档"所带来的时间损失，在真正停下来并转换工作之前，你应该去做自己脑子里想着的所有事情。在你停止浇注混凝土回到书桌前的 1 个小时左右，或者在你离开书桌去浇注混凝土之前，就要在脑子里慢慢过渡，开始安排下一个工作。这样，在开始新工作的时候，你就能够很快地投入进去，积极努力，而不用面对着工作，花 15 分钟让自己兴奋起来。

现在就开始做，慢慢再去完善

当我们对某项工作的进度或结果不能 100% 满意时，很多人都会发牢骚、抱怨甚至惩罚自己。记住，没有人能把每件事情都做得很好。放松一点儿，因为在经历了人生之后，你会发现，权宜之计通常能够胜过完美主义。一位精明能干的广告主管曾经对我说过一些话，我发现，几乎在所有的工作中，这些话都是正确的：

你要去完成工作，才能取得更大的成就，即使工作做得有点粗糙，也比精雕细琢但是无限期地拖延要好。与其永远一个人躲在某个地方，反复琢磨，试图根据书本或人们的预期反应来把工作做得尽善尽美，还不如在现有的基础上尽你所能地做到最好，然后把工作结果展现出来，让你和其他人都能看到，可以评论（以及批评）。这种办法能够让你更快地达到目标。

有效率的人绝对不会因为自己不精通某项工作而哭哭啼啼。他们明白自己在某些方面并不擅长，甚至可能不知道应该怎么去完成这项工作，什么时候去做。但是如果这件事情必须做完，他们就会投入进去，然后把自己一直不愿意重做一遍的工作全部毁掉，再按照他们的需要重建。

与其害怕担忧，不如去面对问题

"我宁可被处以死刑也不愿意面对这件事。"有时候这种说法对我们大多数人都是恰如其分的。在我们扫除了实现目标的主要障碍之后，总会有两三个问题被一直遗留到最后。这些问题真是棘手，我们真希望自己和它们毫无瓜葛。

不快乐的事情不仅仅会伴随着失败而来，有时也与成功如影随形；不管在任何时候，这些事情都是让人反感的。人们往往借助撒谎、欺骗和开小差等办法来避免面对那些让人觉得不快乐的事情。

很多出色的商人都具备一流的理解力，投标时准确无误，工作起来也很有效率，却无法获得成功，这是因为他们不喜欢每日里那几分钟的文书工作，并且也不去做这件让人不开心的事情。你越是想对那些令人不快的阻碍视而不见，它们就越是会妨碍你前进，甚至还会让你心力交瘁。

你可以为了很多事情在等待中苦恼 5 个小时或者 5 天，也可以用 5 分钟或者 15 分钟来面对，相比之下，后者带给你的痛苦要少得多。有时候，等待的煎熬是如此漫长和强烈，让我们永远都无法再去面对这些烦恼的事情了。所以，我们将会因为当初不敢去面对以及由此产生的实际结果而羞愧不已。

那么，怎样勇敢地去面对这一类的事情呢？还是目标。如果你是受人之托，那么就别无选择。这样你就不用"花时间来鼓起勇气"，只要去完成工作就行了。你的承诺并不会缓解这种不快；只会逼着你一定要去对付它。接下来，这种不快一般都会消失，随之而来的轻松自由就像高级燃料一样，能够推动你去获得成功，与此相比，因为面对了这件事情而造成的任何损失都是不值一提的。

确保所有的东西都是能用的

在你想挖土的时候却发现铲子的手柄裂开了，要割草的时候割草机却发动不了，或者你要一直和一把粗钝的剪刀较劲，还有什么比这些更糟糕的呢？想一下你所有的东西，有哪些不能用了。多好的东西呀，怎么会不能用呢？这些东西有时候需要修理一下，但是，好像总是在你要使用的时候才发现它们非修理不可了。

损坏了的或者已经不能用的东西，钝的、半失效的工具，这些东西会破坏其他的事情——包括我们拿起这些工具时的热情。它们会减慢你的速度，让你不能成为一个积极进取的人。反复地去折腾一扇烦人的窗户或者一个抽屉是很没有效率的事情，如果折腾的时候把它弄坏了就更糟糕了。

这儿有一个最简单的高效原则，你可以尝试一下：不要留着任何不能用的东西。这些东西可能会在一个最糟糕的时间（天气很冷、天黑了、迟到了等）让你感到万分沮丧。工作完不成，摆弄这些工具花费了不少的时间，并且因此而丧失了信心；除此之外，你所损失的还有一连串的计划以及其后几个小时的注意力。找那么一天或一个星期，把你所有不能用的东西都修理好，要不就扔掉（如果对它们进行改造和更换都没起作用）。如果工具不能用了，修理一下、改造一下、清洁一下、修补一下都可以，要不就把它扔了、卖了或送给别人。宁可身无长物，也不要留什么对自己没用的东西。

如果工具没法用了，不仅仅是它自身的价值消失了，你还会为此耗费大量的时间：等待、发牢骚、修修补补想把它弄好，而你本来可以用这些时间去做一些更有意义的工作。它还有可能会产生错误的操作，给你带来困扰，并且在你心里增加 10 件不必要的烦恼。

　　修好它或者丢掉它，这个原则不仅适用于工具和机器——对于习惯、手续和承诺也都适用——对任何不起作用的东西都适用。

预防性的维护

"崩溃"会立刻把一项有价值的工作变得毫无价值。失去的时间和金钱通常都无法挽回，而且崩溃意味着延误，有时会伴随着伤害或者更糟糕的结果——甚至是死亡。

一个全国最好的商业经理，在他的所有同事看来，他只是一个普通的广东人。但是他拥有当时全国屈指可数的大公司，每年的生产力指数都保持全国领先。他似乎从不犯错误；他的产出最高而消耗最少。他有十几辆车，车子的发动机比其他人的都耐用，轮胎也能比别人的多跑3万千米。他的大楼的维护费用比其他大楼低，安装和维修电话的次数以及其他的费用也比别人少。

他有什么诀窍呢？

我学会了一种被称为预防性维护的行为。在我（或者我的任何一个员工）有空的时候，不是无所事事地等着下面一个工作，而是分析目前正在使用的产品的寿命，然后判断明年哪些会损坏。其他人都是等到问题发生之后再去处理，而我会立即更换旧的零件或者产品。这样，不仅省却了将来的更换，不会有人打电话来投诉，也不用派出维修人员，更不用进行进出货的检验。

机器和建筑物总会在一个不恰当的时间损坏。在这之前，他就进行保养、重建和修复，他纠正和劝导自己的员工，从而避免了他们的离职或被迫解雇他们。

这个聪明的经营者也总是会赢得小型赛车（一种家庭游戏）的胜利。他和几个儿子的赛车与其他的参赛者完全相同，却能够一次又一次地打败他们。这其中的秘密是：预防性维护。"你的赛车为什么不会噼噼啪啪地响，也不会时不时地熄火呢？"其他人这样问他。答案很简单：在没有比赛的那些天或者那几周，他和他的儿子会时不时地花几分钟的时间来保养他们的车子。

有这样一个忠告："如果东西没有损坏就不要去修理它。"这种观点很常见，却非常愚蠢，就好像是在说"没有爆胎就不要维修或更换轮胎"（或者是说，如果没有发生车祸，就不要维修或更换轮胎）。

用旧的皮带、磨损的电线、失效的发动机、有裂缝的牙齿、褪色的友谊，对于这些东西，我们不能预知它们彻底报废的准确时间。但是，如果能够预先对它们进行良好的维修和保养，我们确实可以有一些办法来控制和防止混乱，工作也不会被中断。有的人能够飞速地把外面所有的牛都赶回来，这或许会让别人印象深刻。但是，我更会牢牢地记住那些人——他们永远都不会忘记关牛圈的门，也总是会去修理栅栏不牢固的部分。

预防性维护除了在工作上具有举足轻重的地位，在家庭关系和人际关系方面，也是十分重要的。

沮丧的时候应该做什么

我们无法控制交通问题，也不能控制别人的情绪，更不用说宇宙、政府以及所有的命运多舛和曲折坎坷。所以，无论我们多么守规矩，多么诚恳，也总是会有萎靡不振的时候。

例如，排队等待就可以认为是"令人沮丧的时刻"，其他还有一些人们不希望发生的小问题，诸如行李丢失、工作或者约好的时间有人缺席、东西不见了、东西损坏了、疾病或者失望的情绪突然袭来。对于这些，大部分人都会变得十分沮丧。在沮丧的时候，你可能会停止工作、等待、自我批评、做白日梦，要不就是无聊地闲坐着，直到自己可以恢复之前的状态。但是高效率的人却不会像普通人那样，他们会马上利用这段沮丧的时间。当然不是说他们只有在沮丧的时候才会挑出一些有价值的"事情"来做，借以打发这段时间。他们有更好的安排，我指的不是看书——我们都很清楚，应该带着一些书，在被困住的时候可以阅读。目前，在沮丧的时候，我们其实可以完成大部分要做的工作，包括每个人都要面对的大量的文书工作。

重新集中注意力并不困难。在你觉得沮丧的时候，可以画画、做表格、照相、写作、拟定计划、打电话、打扫卫生、清理垃圾、修理工具、锻炼身体、交谈、唱歌，等等。只要有这个需要，你随时可以轻而易举地带上纸、笔、书籍和其他的工具，到任何一个地方待上一个星期，做点事情。

有多少可以和孩子相处的宝贵时间或者与爱人在一起的浪漫时刻被你白白地浪费了，去做了一些别的事情？这些事情本来是可以很容易地在沮丧的时候去完成的。现在，赶快找出一大堆"要在沮丧的时候完成"的工作，把它们带在身边或让它们伸手可及。你因此而赢得的宝贵时间会多得让你吃惊，而你可以利用它们去做生活中最重要的事情。

第八章

适当的压力没有坏处

在大型组织中，我们会根据自己对每个人、每个部门的表现的期望值来评价他们的预算计划、考核办法、工作目标以及工作成果。这时，总会有一个人脱颖而出：他的工作效率最高，工作质量也最好，客户对他最为满意；他的下属也是目前最有干劲的员工；他花钱最少，无法完成任务的次数也是所有部门中最少的。同事们对他肃然起敬，纷纷问他是如何做到这些的，他只用了一句话来回答：

"只有一种方法能达到这样的效果——超负荷工作，减少人手！"

邪门歪道！造谣！剥削！

这个人是不是冷酷无情、麻木不仁？当然不是。别忘了，他说这番话是有事实依据的，是让人信服的——他们部门的工作最出色，创造的利润最高，员工也最快乐。让我们来看看他实际上是什么意思……

下面的话我们是不是全都说过或者听过 100 遍了：

* "我正在用自己最快的速度跑步。"
* "我已经全力以赴地努力工作了。"
* "我无法承担更重的责任了。"
* "我和别人齐头并进。"

有谁规定了我们只能做多少事吗？我们有没有把自己做到了的

事情或者正在做的事情与其他人比较过？有没有与统计数据比较过？有没有与老板、父母以及老师对我们的要求比较过？我们是根据这些比较的结果或者合同的要求来计算自己能做多少事情、该做多少事情吗？我们应该根据自己的能力来确定工作目标，但是事实上我们是这样做的吗？

世界上没有一个人和你完全一样（我认为，再也没比这更深奥、更让人兴奋、更能鼓舞人的道理了）。全世界几十亿人，你和任何人都不相同。事实上，如果说到思想、感情和能力，甚至没有人会和你相近。那么，我们所能获得的最大成就和我们的工作能力的衡量标准为什么会是其他人做了什么事，别人让我们做什么事或者分派我们做什么事？你能做多少事，只能由你自己的能力——心智的、身体的、感情的和精神的——来决定和调整。

千万不要根据别人正在做什么来衡量你自己的潜力——只有你自己知道你真正的能力。没有什么人生下来就是"积极能干"的——任何人只要心里明白自己能做什么事，并且愿意努力去做，就可以成为积极能干的人。

"我正在用最快的速度跑步"或者"我已经尽己所能地承担了责任"，这样的话对我们没有什么真正的意义，因为我们大部分人都不会真正知道自己能跑多快，能承担多重的责任。

"我只有一个人"，这也是无关紧要的。因为一个人——一个真正的生产者——也可以比其他1万个人做的事情还要多，那么，他因此而得到的奖励和赞许也会是1万份的。如果你真的想知道自己的能力，那么就忘掉所有的事实、数据和假定，忘掉那些告诉你"正常的工作量"是多少、休息时间应该有多少的人，也忘掉给你制定了"标准"的图表。

为了更好地了解自己的潜能，当你觉得自己已经在什么事情上用尽了全力的时候，去看看那些真正的行家，他们能够做得多好——滑雪、潜水、盖房子、园艺、缝纫、唱歌、绘画、养育孩子、烹饪、写作以及任何你喜欢或者想做的事情。去看看专业人士，他们是怎么做的，他们能做得多快多好，一定会让你大吃一惊。你会由衷地发出一声颤抖的赞叹"哇"，这个时候，别忘了，一定有人能够比你现在所看到的做得还要多还要好。永远不要妒嫉优胜者、专家和头号人物；也不要去觊觎别人的本事。因为即使他们出类拔萃、成就卓越，也并不意味着你就低人一等或资质平庸，只是表明相对于目前已经使用的那一部分才能而言，你还有更多的能力有待发挥。

要成为一个伟大的生产者，关键是：你要了解并且完全相信，自己的能力几乎是无穷的。忘掉那些参照物吧！它们只是生活中暂时的目标，只能给我们的闲聊提供话题罢了。重要的是，你应该去发掘自己的潜能、实现自己的梦想、达成自己的愿望、施展自己的抱负、了解自己的能力。

当我们苦恼的时候，有人会大声地提醒我们："不劳无获。"但我们总是对这样的人投以轻蔑的一瞥。收获并不一定会伴随着辛苦的努力，也不一定会产生痛苦，只需要我们时常都能够对自己的要求再高一点点就行了。任何值得我们付出时间和精力的事情都会给我们带来一定的压力，让我们获得一些进步。要做更多的事情，并不是非得伤痕累累，你只要加快脚步，加大步伐，就可以取得成功。

"工作狂"

我们每天都能看到所谓的"工作狂"，还有人一本正经地把这个词语用在自己身上。工作狂的言下之意是，如果你长时间地工作，并且真心喜欢自己所做的事情，那你肯定是性情乖僻的。

有人会告诉我们，要舒缓下来，什么也不做，只是放松自己。但是，有这样一个事实，相信会让所有给出这种劝导和建议的人大惑不解。那就是，社会上最出类拔萃的生产者——如果你愿意，也可以称他们为工作狂——实际上比一般普通人的神经更为正常。我认识的所有工作狂都是热情、自信、健康、身心充满力量的。他们很少服用药物和兴奋剂、懂得欣赏音乐、能够更好地休息、对待时间和金钱更为慷慨、对社会和人类的需求更为敏感（并且会为此做些事情）。你不会听见工作狂发牢骚，也不会看见他们站在那里伸出双手等待救济。所以，如果你担心自己成为顶尖的工作者之后，可能会沦为一个工作狂的话，那么放心吧，这将会是你得到过的最好的激励！

担心筋疲力尽吗

现在很多人都害怕"超负荷工作"或者害怕"筋疲力尽",这几乎是很可笑的。也许烦恼会消失、嗡嗡的声音会停止、音乐会渐渐减弱,但是精力会用尽吗?大多数人甚至都还没有鼓起劲来,怎么会筋疲力尽呢?你是不是经常听到有人说:"我快累死了,我准备辞职/改变一下/退休了。"其实问题不是他们太累了,而是他们可能没有力气了,但这并不是过度工作造成的。火苗熄灭更有可能是因为没有燃料了——没有值得做的事情,没有成就感。

筋疲力尽已经成为放弃或者松懈的一个体面的借口了。人们看到这个奇妙的词语,就不会认为我们懒惰、饮食不当或者睡眠不足、缺乏持之以恒的毅力。筋疲力尽(除了极个别的情况)90%是一种逃避。大部分说自己已经心力交瘁的人其实只是失去了勇气。创造和工作是不会把人累垮的;实际的情况恰好相反,真正的成就不会让你背上沉重的负担,也不会让你筋疲力尽,它会点亮你,鼓舞你!

在如今,死于过度劳累的人远远不及死于酗酒、超速驾驶、嗜烟和纵情玩乐的人多。不要再担心过劳死了,尤其在你想要做些什么事的时候,因为工作会使人进取而不会让人消沉。为什么我们总是抱怨工作让自己烦恼不堪?大部分人能够有一份工作,从而可以远离真正使我们颓废消沉的东西——闲散和享乐,这是一种幸运。有很多工作要去完成,这通常是一种激励,因为这需要异于常人的努力、忠诚、机敏、牺牲和奉献。这些要求能够激励和塑造一个人，而不是摧毁一个人。

如果要求很高，同时自己也有创造力，在这种情况下，那些伟大的运动员、艺人和管理人员，有几个会觉得筋疲力尽？几乎没有！成就会给他们注入新的能量，让他们精神焕发、恢复活力。当我们开足马力工作的时候，当我们需要付出最大努力的时候，通常并不会觉得筋疲力尽，我们的感觉恰恰相反——这称为重生！工作可以带来生命力、爱和崭新的能量。

"不要强求自己"可信吗

不管任何人对你说"不要强求自己"，都不要相信，这些人大部分都不会激励自己。

» **工作常常是治疗苦恼的最好药方**

曾经有这样一个故事：一位年轻的妇女，她有4个孩子。一次，她被响尾蛇咬伤了。要联络其他人来救助自己是很困难的，她的丈夫到很远的地方去捕猎了，要4个月之后才能回来。她知道，如果自己死了，孩子们就只能饿死在这片平原上。她马上竭尽全力地去准备各种食物、修理房屋，以保证孩子们能够活到父亲回来的时候。尽管受了伤，她还是狂热而忘情地工作着。最后，她并没有死，而是活了下来。后来医生告诉她，所有的工作、出汗等帮助她排除了体内的毒素，是劳动拯救了她——还有她的孩子们。

我一直不知道这个故事是真是假，但它很好地说明了一个问题：工作是解决很多困扰的良方。工作可以把"虚弱""疲惫"和"沮丧"从你的身体里蒸发出来。

我们常常（也许总是）感觉这里或者那里不舒服。不要等着它自己好起来，你可以把工作当成一种治疗的办法，这会让你觉得好一些。如果一天的工作排得满满的，很多人早上就会觉得很难受——感冒了、头疼、累了、集中不了精神或者其他什么状况，那么就可以"暂时不去理会这些工作"了。真正的生产者认为这些都是无稽之谈。

通常，只要你振作精神、调整好自己的情绪、鼓励自己回到工作中，你会发现自己很快就完全正常了。

对于工作来说，没有什么时间是最完美的，我们大部分的"厌倦"也都是心理上的，而不是生理上的。我们都认识很多经常请病假的人，他们当中很少有人工作效率很高的。我们也认识一些"从不生病"的人，但是他们其实也和我们一样，会有点小病，不过他们会说："惨兮兮地躺在床上也没什么意思，还不如来工作，做点什么事情。"

但是，他们没有告诉你，其实一旦开始工作他们就不会再觉得痛苦了。他们感觉到自己是被需要的并且责任重大，事情很多，他们不愿意放弃任何一项工作……所有这些都让他们忘记了自己的病痛。

卢·格里克是美国历史上最伟大的棒球运动员之一，连续参加了2200多场比赛，从未缺席。他去世后，通过照 X 光发现，他的手指有 17 处骨折（有些地方还曾经折断过两次或者三次）；但他从来都没有透露过这一点。手指骨折是十分疼痛的，更别说还要尽力接住呼啸而至的投球或者用一只手紧紧抓住没打好的球。

优胜者无论有没有受伤，都会在比赛场上坚持比赛。所以，不要龇牙咧嘴地强忍着，笑一笑，继续打下去。如果不管怎么样你都会觉得害怕，那么可能还是去工作比较好。能让你忘记痛苦的事情很少，工作就是其中之一；它是治疗痛苦的一种最好的药方。在我们有一点小病的时候，常常也能工作，并且可以和平时做得一样好，甚至更好。反之，不舒服的时候，如果想"放松一下"或者休养一下，结果会让你更加难受。

工作并不是一种主题单一的事情。如果在身体上和心理上都排斥某件事情，你可以转而去做另一件事情，也可以在现在的工作中挑选其他的部分来做，还可以用完全不同的方法来做日常的工作。

» "如果太过辛苦的话，就闻不到花香了……"

你可能想象不到，如果你就快成为一个工作狂了，会有很多人不断地通过各种途径用那句话来提醒你："花点时间停下来闻一闻花香。"卡片、留言、邮件、电话、诚恳的交谈甚至威胁，这些将会从你好心的朋友们那里涌向你，催着你放松一下，让你一定要在生命流逝之前把它过得有滋有味。其实全心地投入工作并不意味着沉闷乏味。

你有没有注意过，那些一心想要遍赏天下之花的人通常会错过最灿烂的鲜花，那些热衷于投机的人所得甚少甚至一无所获，而那些总是在谈论和谋求各种关系的人基本上都没有什么朋友。

要感受生活中的风景、声音和美妙的味道，最好的办法就是去做各种各样的工作，培养各种各样的兴趣——去学习、去尝试、去做、去实践。路过的人面对鲜花，只能看上几眼，使劲地嗅一下；能够真正享受花香的不是他们，而是另一些人——种植鲜花、培育鲜花、给鲜花除去杂草的人。奉献、牺牲和亲身实践所带来的回报将使你的灵魂弥漫着芬芳，这种芬芳是任何花香都无法比拟的。创造新的事物、出色地完成工作、让生活变得更加美好，这些记忆比最美丽、香味最持久的玫瑰更能长时间地激励你、鼓舞你。

有一次，我带着40个儿童去参加夏令营。路上我们经过了几个有史以来最美丽的花园，由于我一直在忙着照顾这些孩子们，所以完全没有留意到任何花香。那是很多年以前的事了，然而，我曾经为这些年轻的生命做过小小的贡献，这种满足感从那时起就渗入了我的人生。它让我的灵魂充满愉悦，即使是最美丽的栀子花也无法与之相提并论。

　　我曾经住在一个田野里，周围是满山的松树和紫苜蓿。我也欣赏过各种奇异的鲜花，我十分喜爱这些美丽的花朵，它们也带给了我极大的愉悦。但是，为了提升自己、帮助他人所做的长期而艰苦的工作会让人觉得更加甜蜜。这会带给你几十种不同的回报，而不仅仅是几十次嗅到熟悉的花香所产生的那种快乐。

工作是最大的娱乐

你是不是曾经有过这样的感觉——努力工作可以恢复精力。如果你认为很多工作会让你觉得累，那么可能这些年来你一直都没注意过这样一个事实：成就非凡的人总是精力充沛，他们在工作中投入的时间多得让人难以想象，这是因为通常做比不做更能让人得到休息。比起工作来，等待、权衡、逃避、盘算、怀疑和彷徨更让人精神紧张。虚度光阴无法点亮人类的灵魂之灯，但是工作可以。

> 大部分人心目中的娱乐无非是打高尔夫球、参加宴会或者看演出，而不是展示自己，也不是享受一顿与餐厅里完全不同的大餐。

我的朋友张超回忆起曾经的工作经历时，对我说："在刚结婚的那段日子里，我和妻子都忙得不可开交。我的清洁公司刚刚起步，平均每天要工作 10~12 个小时，她在修读学位，同时照顾我们的孩子；而且我们还买了自己的第一幢房子。这样漫长而艰难的几周之后，一个星期六的早上，我在整理商店里的东西，出人意料地发现了一个信封，里面有 500 元。我兴奋地给妻子打电话，告诉她——我们晚上可以好好地享受一下。但是我们并没有去参加什么聚会，也没有去看任何演出——那将会很没意思。下午 4 点，我拿着一些煤块走在回家的路上，想着门框、水泥和石灰我就眉飞色舞（要建造我们的房子，一定要买得起这些东西）。吃晚饭的时候，我们突发奇想，决定自己把厨房的整面墙砌好，所以早早地让孩子们睡了。我们点起灯，混合了一些砂浆，然后砌砖、铺梁，一直忙到凌晨两点左右。我们走出去站在夜晚美好的空气中，听着鹅的叫声、青蛙的叫声、夜鹰在天空中拍打翅膀的声响、猫头鹰在松树上唱歌的声音，看着我们的房子挺立了起来——多么有意思！如果我们去看了一场深夜的演出或者坐着聊了一个晚上，一定会更加疲惫。"

工作——做一些值得花时间和精力的事情——这几乎算不上是"劳动"。因为有回报，工作通常就是一种休息和放松。旅行也许会让人疲倦，但是工作取得的进展却会让人精神焕发。

取得成功的秘诀：把时间用在工作上

我曾经雇用过一个充满热情的大学生，工作、工资和日程安排都让他激动不已。一个星期之后，他提出了辞职。为什么？用他自己的话说："所有的上班时间都要工作。"

"什么？"我问道，"我不太明白你的意思……"

"我在这儿的全部时间都要用来工作。"

"小伙子，我还是不懂。"

"我的朋友小张在校办工厂工作，每个小时读一下数据，巡视一圈，然后就可以坐下来学习、看书或者看电视，而这些时间里他照样能够得到报酬。那才是我想要的工作。"

他的想法不仅仅代表了一种趋势，也是当下常见的态度。结果我们用在实际工作上的时间变得越来越少，而请病假、培训、旅行、喝咖啡、休息、开会、拿出工具、收拾工具和几十件其他的事情却花费我们越来越多的时间。一连几个小时专心地投入工作，这已经越来越少见了，能够做到这一点的人就好像太阳一样光芒万丈！早期的摇滚歌手巴迪·霍利从来不戴表，朋友问他："你怎么知道什么时候该停止工作？"他的回答很简单："当我把工作都完成了的时候。"

卓越的成就很少是由天赋、技巧、运气或比较好的装备带来的；大多数只是因为我们投入了更多的时间。很多成年人的注意力仍然像孩子一样。在某件事情上胡乱地折腾了几分钟，如果没有马上看到什么回报，我们就放弃了。在工作上多投入一点儿时间，自然就会有好的成果。每年我都会被问上几百遍："你怎么能做那么多的事情？"我会这样回答："我是魔术师，说声'变'就做完了。"真正的答案其实很简单——把时间花在工作上。早上5点就坐到计算机前面，直到下午3点才起来；一直待在田野里、商店里或柜台后面。你将成为一个出色的时间管理专家，你将成为一个优秀的组织者，你将能够完成很多工作——只要在那里做事、劳动、思考、摒弃杂念、挥舞榔头、写作、拖地——这一定会让你大吃一惊。

要取得成就，要做大事，大部分情况下都是要花时间的。我们现在的社会节奏很快——速食食品、快干颜料、即时更换机油、按键式娱乐等。我们往往认为，不管什么事情，计算机都可以在一眨眼的工夫里完成。不是这样的！现在做事的速度是变快了，但是工作还是要花时间的。为了取得成功，你必须认真工作，一个小时又一个小时，一天又一天，不能出去享用大餐，也不能经常休假。

如果你问某个人今天干了什么，他通常会说是在做某项工作，但是因为这样那样的原因没有完成。计算一下这个人8小时里真正用在工作上的时间，其实只有2个小时而已，其他的6个小时都在闲逛，没有专心工作，甚至根本就没有在工作。这种人工作的时候漫不经心，所以毫无效率。通常，我们有很多事情要做，也有很多吸引人和让人分心的事情在发生。特别是在家里，我们的注意力很容易转移，在每件事情上停留的时间都很短，这样，一天下来，我们其实根本没有花什么时间在工作上。

你一定要花一些时间才能完成工作，不能只是浮光掠影地做一遍。成功和失败最主要的差别只有一点，就是耐力。开始工作和做好准备要花很长的时间；为什么不一鼓作气花十几个小时来取得一些成果呢？我并不是要让你成为工作狂，只是要你再去多做一点儿。

耐力也并不是什么了不起的美德，但是对一项任务或是事业锲而不舍，克服重重障碍和阻挠，你就能够得到一定的成果。但是在这个过程中，你也可能会发现自己已经偏离了原来的目标，并且没有任何办法可以改变这种局面和状况。如果发生这样的情况，就不要再深入到不必要的领域中了。在这个时候去做另一项工作，不失为一个明智之举；如果你一直等到迫不得已才放弃，就是在浪费时间。

一鼓作气的魔力

超级高效的人每天所做的工作是其他人的 2~3 倍。他们就是利用了一鼓作气的魔力。

他们知道一个真正的秘诀，可以提高效率、获得胜利、增强进取心。这个秘诀就是：一旦你的工作确实有了进展，就不要停下来。当你的精神开始振奋、想象力开始驰骋、创造力开始发挥，那么，继续前进吧。不要休息、不要睡觉、不要吃东西、不要做任何其他的事情，即使按照通常的时间来说"应该"做这些事了，也不要去做。内心的渴望是取得巨大进步的源泉。

当工作渐入佳境的时候，就是你在发挥潜在能量的时候。不要放松、不要停止、不要休息，因为你正在前进。

只要工作正在进行，只要你的状态正佳，一切都会非常顺利。不要停下来，也不用对别人的掌声表示感谢，只要继续做下去就行了。在工作的时候，不要停下来沾沾自喜或者评价自己的进步。当事情渐入佳境，你觉得自己可以一直不停地工作下去的时候，就一直工作下去吧。这个时候，让我们忘记时间、忘记吃饭、忘记烦恼，甚至忘记疲惫的身体，一直坚持下去，直到终点。把这看成是一次马拉松比赛，吃饭、休息、放松和日程表上任何一成不变的事情，除非你没有

别的渴望，否则就不要去关注这些。如果你正在取得进展，那么就继续下去，即使你已经超过了"别人"、超过了"别的事"、超过了你以前的纪录，也不要停止。

我们知道，如果一支队伍进入了状态，就几乎是势不可当的——即使是弱队也可以击溃更强大更出色的对手。那么，失利的队伍怎样才能压制对手呢？他们会叫"暂停"，遏制对方的势头，通常这都非常管用。在其他问题上也是一样，人们真正开始实现一个想法或者推动一项工作的时候，就会变得得意洋洋，被自己深深地感动。接着，他们会花一点儿时间去庆祝一下，猜猜会怎么样？他们再也无法回到工作中了——常常要花上几天的时间才能重新找到节奏，也可能白白地放弃了原来的工作成果。我们都知道，一旦你克服了惯性让一个庞大沉重的东西动起来，再去移动它就变得容易多了；如果它停下来了，那么想要重新启动就无异于要命的事，也许你要花上10倍的力气和精力，也许你再也无法推动它了。

如果你现在感觉不错，那么就继续前进——不要停下来、不要东张西望、不要转而去估算自己的成果。就像肯尼·罗杰斯说的那样："生意做完了以后，有的是时间去算账。"

积极地面对压力

工人们站成一排，你挨个去问问他们："你喜欢压力吗?"第一个人翻了翻眼睛，扼住自己的喉咙，第二个人会说"压迫和紧张"，第三个人跑了，第四个人说"我不喜欢"，继续问下去，突然有一个人快乐地说"我喜欢压力"，他可不是开玩笑的。这个说"喜欢压力"的人很可能是这一群人中效率最高的。

压力通常都被看成是不好的、负面的。但是再想想看，压力意味着某件事情正在快速变化并且很难推进。压力意味着某种有价值的事情正在进行：草坪被灌溉、引人入胜的温泉在喷水或者钻石正在土壤的深处形成。没有血压、没有气压、没有水压，我们都无法生存。压力就好像是你手臂上的石膏或牙齿上的矫正箍——戴着的时候我们确实都不喜欢，但是从长远来看，它们还是能给我们带来好处的。

压力可能总是在对我们说"完成那件事，否则……"，这让我们觉得紧张，但是我们在生活中是需要一些压力的。不管怎么说，80%的负面压力都是来自于我们自己，而不是像我们认为的那样，来自于老板、爱人或学校：

*"哦，老师真是给了我很大的压力。"老师3周前布置的作业，你却拖到现在才开始做。

*"老板真是让我喘不过气来。"他希望你能对得起自己的工资，

如果你做不到，这才是产生压力的真正原因。

*球赛到了最后关头，全指望着你的一次击球或射门了。压力真的很大，是谁造成的呢？你自愿与球队签的合约，潜在的压力当然会随之而来。

不要让压力约束你的工作，而要让它来推动你。如果你能正视压力，它就是一种力量——它会把你向上推、向前推。可是如果你害怕它，它就会把你往下按。

人们都觉得很奇怪，为什么那些超级工作者已经快被几十件事情淹没了，但是还常常能够发现并且开始做一些新的工作呢？我的4本好书是在我气喘吁吁地写完了其他6本书以后，马不停蹄地开始构思和写作的。你不能放走灵感，延误时机。你不仅要趁热打铁，而且还要同时保持其他铁块的温度。如果你真的确信你所做的事情是有价值的，那么就要努力完成它。

快

似乎很多人都相信——做事的速度越快，完成工作的质量就越低。我过去常常告诉人们，我一天就可以把房子全部粉刷完，他们都惊得目瞪口呆——因为他们自己或者其他人总是要花一个星期左右才能刷完。他们马上就会问："你做得这么快，又怎么能保证质量呢？"从理论上来说，打磨、涂底漆、粉刷，这些都是越快越好。粉刷的时间长了，湿气会侵入裸露的木头，容易风化、产生裂缝，还会有灰尘和昆虫残留在各个漆层之间。同样，对我们生活中的很多工作和任务来说，都是一样的——拖延只会对最终的结果不利，让工作变得更加困难。

"但是，要把任何事情做好都需要很多时间。"——谁说的？我曾经见过，有的人做起清洁工作来好似风驰电掣一般，工作也完成得很好；而有的人，一辈子都在某一领域里辛苦地工作，但是事情做完了以后看起来也没有什么太大的不同。不要预先假设我们要花很长很艰苦的一段时间才能把事情做好；工作是可以完成得又快又好的。

实干家总是在工作。你不用像游客身边那些饥饿的松鼠一样猛冲，只要稍微快一些就行了。跑起来、走快一点儿、跳起来、挤过去，这些行为都很好。这样的人会给别人留下深刻的印象，可以激励别人，为别人树立一个好榜样。行动迅速也能激励你，而且最重要的是，这能让你完成更多的工作。你会发现，电视广告在向我们推销汽车、洗涤剂和美食的时候，这些东西总是行驶得很快、见效很快、送达也很快。今天，在这个世界上，谁会喜欢缓慢的东西和迟钝的人呢？

不要只是看表，和时间赛跑吧！我大多数时候都是在跑而不是在走——这很有趣——而且我注意到我身边的其他人也开始跑了起来。人和马一样，一旦脱离了静止状态就有 4 种速度：走、快步走、慢跑、快跑。在多数的旅途或者工作中，不同的时机、不同的地点都应该有不同的速度。但是，不要总是从停止或者慢走这样的速度开始去做你生活中的每一件事情，而要从快跑开始。这样你就能完成更多的工作，获得更大的成功。

有一个快 50 岁的女人在我这里做临时工。我在雇用她之前我们就认识，因为她是一个实干家，而且大家一直都很佩服她。自从她开始为我工作的那一天起，我就明白其中的奥妙了。只要她手里有工作或者有什么东西要送出去，她就会跑起来，我不是在打比方，她是真的跑起来；事实上，如果有必要的话，她会像参加 1000 米赛跑的运动员那样发足狂奔。一位中年妇女快速地奔跑看起来有点奇怪，有时候甚至会让她的丈夫和孩子觉得尴尬。但是每一个和她一起工作的人都会发出"哇"的一声赞叹——并且给她更多的工作——主要是因为她做事的时候总是在奔跑。

这或许是一个极端的例子，但是工作的时候急急忙忙总比信步闲逛要好。做事情迅速一些不仅显得劲头十足，而且还有益于健康，也更有效率。

别让天气来决定你是否要工作

英俊的小伙子向他的心上人倾诉衷肠，热情洋溢、信誓旦旦地说："我愿意游过最宽广的河流来见你，我愿意与猛龙以及恶魔搏斗，徒步穿越沙漠，只为了吻你一下。如果你住在珠穆朗玛峰的山顶，我愿意每天爬上去，我愿意穿过燃烧的森林来到你的身边……"他几乎是上气不接下气地表达了自己不可抑制的情感。然后，年轻人走到门口，转过身说："如果明晚不下雨的话，我就来看你！"

我们有太多的人和这个小伙子一样，让天气或者环境成为一个决定性的因素，即使是对我们最有激情的承诺也是这样。

不管是太热了、太冷了、有心情还是没心情，只要你想成为一个高效的人，这些都是无关紧要的。一个真正的高效工作者是不会非要等到风和日丽或者环境适宜才开始工作的。如果太冷了，就穿一件外套；如果从来没有这么冷过，就穿两件外套；如果冷到了无法想象，那就穿三件外套，再揣一个热水袋，只要你计划好了，就一定要去工作。

没有人能够预见到所有可能的天气和环境的变化，我们也一定会遇上很多恶劣的、不利的天气。如果这种情况发生了，无论如何都要坚持下去或者寻找另外的方法，但是不要让挫折和暴雨把你挡在工作之外。在困难的条件下，要完成更多的工作确实是很痛苦的，特别是那些懒鬼，他们把你一个人撂在了外面的风雨之中。但是当太阳出来的时候，你就是最优秀的一个了。

应付糟糕的日子

　　我的一个新西兰朋友跟我讲起自己 14 岁时的一次经历："那是一个美好的早晨，我起床穿衣服，却找不到衬衫了。在我穿鞋的时候，一根鞋带断了。我走到牛棚里去挤奶，这一般只需要 10 分钟就行了。但是奶牛脱了缰，远远地跑开了。我花了 45 分钟才把它追回来，还丢了一把新的小刀。那时，我已经赶不上校车了，也就是说我会错过两场考试。我叫弟弟来帮我，他也没有来。接着，奶牛撞坏了牛栅，我急急忙忙地想要抓住奶牛，却不小心把一桶牛奶打翻在地上了……那不过才是早上 8 点而已！"

　　更糟糕的事情也会像这样接二连三地发生：这真是糟糕的一天。事情已经没有章法、赶不上进度并且毫无进展。这样的势头却还没有停止——甚至越来越糟。我们已经深陷泥潭！所以我们惊慌失措、冒冒失失、匆匆忙忙，终于领悟到那句"欲速则不达"说得是多么正确！似乎所有的事情都在这个重要的日子里一起爆发了。

　　高效的工作者如何应付这些糟糕的日子呢？当然，他们也有这样的时候——事实上，因为有更多的事情排着队涌过来，他们更容易碰上这种情况。所以，如果有什么事情脱轨了，连锁反应会更多、更麻烦。任务中断、系统崩溃、工作停止、更糟糕的事情发生、时间推后，这些都是生活中无法避免的事情。处理这些问题最好的办法是什么？

第一，不要让还没有完成的工作去影响已经完成了的工作。大多数糟糕的日子开始时都只有一两个挫折而已，但是我们最终让很多无关的事情也变得更糟了。轮胎很难换，我们又踢又打，结果弄伤了手，敲坏了车子的表面，把扳手也弄坏了，而且说话得罪了旁边的人。高效的工作者烦躁不堪、大发雷霆的时间从来不会超过几秒钟。的确，你不能控制自然环境，不能控制与你一起工作的人，也不能控制别人会造成什么样的局面，但是你可以控制自己，不要碰到一点点不顺心的事就让自己消沉一整天。

第二，不要对每一个人说："天哪，天哪……我今天真是过得糟透了。"这只会让你和其他人都更加相信这一点。接着，他们就会帮你找到更多的坏消息来印证你这个预言。

高效的工作者未雨绸缪，总是想好了一大堆要做的事情。那么，即使他们被一跃而起的马儿踢倒在地或必须趴在地上躲避龙卷风，他们也会去做一些倒在地上也能做的事情。

第三，如果有可能，把那些丢失的、破碎的、损坏的东西放在一边。我们已经安排好了日程表，很难再有时间、有余地让我们去做一些修补的工作。坚持现在就去做这些事情，不仅会遏制你前进的势头，还会影响到一些迫在眉睫的或即将来临的工作。所以，最好把这些破碎的、零散的东西装进袋子，束之高阁（在恰当的时间再回过头来修修补补）。

第四，即使是最糟糕的伤口，工作也是一剂灵丹妙药。我们手头有很多"要做的事情"——不仅仅是提纲和计划，还有那些你想做的、应该做的、必须要做的事情，以及你一定要完成的工作。那么，如果今天的计划中有相当一部分都进展得不顺利，大大延误、屡屡中断，你也不会束手无策。你可以立刻找一两项新的工作来做，而不会乱了方寸。

不顺利的时候最好转换一下工作，事情会比你计划中完成得还要好——秘诀就是要有足够的选择可以随机应变。

» 六神无主的日子

有些日子，我们怎么都打不起精神，无论是精神上还是身体上都是这样。我们发现自己整天或者整个星期都喋喋不休、乱冲乱撞、愚蠢至极、拖拖拉拉，有时甚至整个月都是这样。即使是举步维艰，也比躺下来等着我们的精神和僵硬的肌肉神奇地不治而愈要好得多。因为行动是让大多数事情得到改善的最好办法。

你想要做的事情数不胜数，当中有很多是零碎的事件。在六神无主的时候去做这些事情，你就能够取得进步和成功——几乎可以和你斗志高昂的时候取得的成绩一样多。

身体和头脑很少会同时萎靡不振。在脑子迟钝的时候，试试跳起来——去干一些让你热血沸腾的体力活儿，直到自己筋疲力尽。如果身体疲倦了，那么就躺下来思考、阅读、写作或制订计划。

当你陷入低潮

即使是在人们计划最周密的那几个星期里，高效率的人和低效率的人也都有可能遇到一样的情况：市场萎缩、需求减小、时间滞后、地位下滑……这就是：低潮。

你似乎到了一个极限，你所有的才能好像都消失殆尽，无论你怎样努力地鞭策自己，都无法做对任何事情或很快地完成任务。你越反抗，情况就越糟；你的销售业绩下滑，也没有时间了。不过别害怕，即使是最好的击球员和最高效的人士也会有陷入低潮的时候。

昆虫飞进了屋子，为了能出去，它没头没脑地撞上每一扇窗户。不要像昆虫这样，对所有的事情都空有一片热情，静下心来待一两分钟。振作精神，想一想你的目标，分析一下自己为什么会面临这样的状况。

陷入低潮的时候你可以转换一下工作。去做另一件更容易、更有趣或者更紧急的事情，把几乎停滞的工作先放一放。当你放开现在的工作而在另一件事情上进展得一帆风顺时，几个小时、几个月甚至几分钟以后，也许你就能把注意力重新集中在原来的工作上了，而且也很容易上手。转换工作！所以，我们一直认为有很多事情齐头并进是很好的，这样就会有更多的选择。

在你想放弃的时候，就是快要成功的时候

如果你知道中午 12:00 可以休息，那么 11:30 你就会觉得自己坚持不下去了；可是如果你不得不忙上一整天，一点儿休息的时间都没有，那么，也许到下午 4:00 你才会觉得自己快要累垮了。对于吃饭和喝水也是这样。如果你知道用餐时间是下午 1:00，那么 12:30 你就会准备就绪，感觉饿得发昏，恨不得立刻冲到餐桌前；如果你知道自己吃不上午餐了，你就不会饿得这么厉害，也许直到黄昏才会想起吃饭这回事儿。

如果要走 16 千米的路，到 14 千米的时候，你就会觉得筋疲力尽；如果要走 8 千米，到 6 千米的时候，你就会累得走不动；如果只走 5 千米，那么在 4 千米的时候，你就会开始拖拖拉拉。在你设定目标的时候，在你想要放弃的时候，不要忘了这一点。

你肯定自己"累得不行了"吗

这么多年来，我一直都保持着这样一个习惯，在临睡前的一两个小时，我会想想看，自己是不是累得什么也做不了了——只能倒在床上，看看电影或翻翻杂志。然后，我会强迫自己再做一点儿事情。当我完全没有精神也没有心情的时候，我还是会捡起一件琐碎的小事（例如整理文件），逼着自己去完成。

有一天，我开了13个小时的车，已经筋疲力尽了。到了机场，由于缺乏睡眠，我精神不振，说话含混不清，走路踉踉跄跄。我还要坐5个小时的飞机去桂林，在飞机上除了睡觉我肯定什么也做不了。在飞机起飞之前，我已经疲惫不堪、动弹不得，几乎等不到飞机起飞就要睡着了。但是，那些座位和扶手从后面、前面、侧面顶着我，让我连打个盹都不行。所以，我拿出了一些书籍和笔记，强迫自己开始写作。几分钟以后，我的精神有点恢复了。接着，我越来越兴奋，在飞机着陆之前，我已经写了20页，而且从来都没有写得这么棒过。

就像我们都知道的那样，在环境突然变化的时候，心理上的"疲惫"比身体上的多得多。你见过渔夫在鱼儿咬钩的时候觉得疲惫吗？你见过运动员在比赛最激烈的时候无精打采吗？你见过一个母亲在孩子饥饿的时候行动缓慢吗？假设星期五的下午，有一个筋疲力尽的人站了一天，累得一点儿力气也没有了，都不知道能不能熬得过5点，这时，突然发生了一件棘手的事情，一定要她才能解决。你肯定会看见她突然恢复了精神，生龙活虎，就好像一台随时可以开动的发电机。

　　不要害怕自己太累了。在十分疲倦的时候，你会想起很多至理名言，还会想起自己所承担的责任。你一定会恢复精神的，而且如果你是因为努力工作而倍感疲倦的话，接下来你就能睡一个从未有过的好觉，这是恢复体力的最好办法。

让我们期待伤痛并为此高兴吧

我的外甥女杨阳 10 岁的时候这样看待劳动："我知道自己今天肯定做了很多事情，因为我不是这里撞破了就是那里划伤了。"多么别出心裁的衡量办法！

2008 年的青少年成长夏令营，有 300 多个孩子参加。我们这支由 38 个孩子组成的小队伍所搭建帐篷的数量是所有队伍中最多的。但是当其他人走到我们的营地，看见孩子们制作的独一无二的充满想象力的手杖时（大家都很嫉妒），那些挥舞小刀所留下的伤口似乎就不那么重要了。我们的其他木雕作品也是整个野营大会中最好的。

在篮球比赛中进球最多的那个人被阻截的次数也是最多的，工作中最出色的那位女士常常会成为几十个在她身后表现平平的人的攻击目标。你一定要带着球跑或者代人击球才能占得优势，得上几分，在前场的风险总是比在后场大。对于高效的工作者来说，瘀伤、撞伤、划伤、痛楚甚至不公平的待遇都不是什么大不了的事，这些都是工作成果的一部分。伤口是我们为胜利所付出的一部分代价；如果无法接受这一点，你基本上就不能获得成功。

当赛车快要到达极限速度的时候，会有几个轮胎爆炸，一两个发动机烧毁，你甚至可能还会得罪几个人，但是所有的一切都能够得到弥补。哪怕是最严重的伤口，成功的愉悦也会是有效的止疼药。这些伤几乎不会给你留下什么疤痕和伤口，你也很少会对此念念不忘，

229

但是成功却会让你永记于心——成功最终将引人瞩目，回报你和其他人。

　　毫无疑问，为了到达目的地，旅途中的任何颠簸都是值得的，所以千万不要因为做事可能带来的一点点伤害而踌躇不前。成功会让你得到不可思议的回报！

事情太多会不会让你忽略其他人

很多人对"实干家"的另一个误解是：他们心无旁骛，也许会忽略世界上的其他事和其他人。其实恰恰相反。真正的建设（一件事、一幢房子、一个计划、一个公司）更多的是根植于慷慨和爱心，而不是自私狭隘。大部分的实干家都很少为了自我满足而花时间消遣，也很少在自己身上花钱。

为了获得成功，你忙忙碌碌、不停向前，根本没有时间来关注任何人，这种论调和担忧也是错得离谱。工作需要大量的相互沟通，也需要和别人分享，包括你的家人和朋友。建设是社会行为，不是个人行为。在获得成功的过程中，会有很多人参与进来，这也是激励超级实干家完成更多工作的一个因素。

工作的时候，会有很多人和你风雨同舟，并且因此而感到快乐，对所有参与其中的人来说，这都会让工作成为一种幸福。那些充满热情的人非常具有吸引力，其他人通常都很愿意接近他们。共同工作的人建立的联系比在一起玩的人更紧密、更持久。每一个参与到工作中的人都可以享有成果——不管是在家里还是在工作中，能从所有努力的最后结果中获益的通常都是"我们"，而不是"我"。从长远来看，我们的成就常常能够让我们去照顾和关爱自己的同胞，也能够激励我们发挥才能和优势去完成工作。

关于适当的压力

驱赶 10 头牛比驱赶 1 头牛容易

对能干的人和高效的工作者来说，最经常被问到的问题就是："你一定有很多事情要做。你是如何控制并且完成所有工作的呢？"

这个问题的答案就是取得成功的秘诀之一：多做几件事情并不总是意味着要多付出几倍的力气。这听起来也许有些不可思议，但是却是真的，而且也被反复地证明过了。看管几个孩子比只看管一个孩子更加省心——这是因为其他的或者额外的人和事物能够帮助你完成工作。我能想到的最可怕、最没有效率的事情大概就是只有一个目标、一项工作、一个任务或者一项活动在进行。真正有效率的人永远不会让自己处于这样的境地。他们会同时启动、同时进行几十件事情。

值得注意的是，高效的工作者即使在已经被工作淹没，快要被工作压垮的时候——他还是会再去承担一项重大的任务。

旁观者可能会认为他这样做很疯狂。你的妻子可能会大发牢骚，牧师会摇晃他那瘦骨嶙峋的手指，专科医生会发出一连串的警告……但是有一点是他们不知道而高效的工作者却很清楚的——额外的任务恰恰就是帮助其完成其他工作的力量。额外的工作绝对不会增加工作量，它们只会起到协助和促进的作用。

你所羡慕的成功者能做多少事情，你也可以轻而易举地做得和他们一样多——可能会更多。你认为自己同一时间只能做一件事情，就好像你认为自己同一时间只能有一个朋友，只能爱一个孩子等。你可以同时做几百件事情，这会让你的生活变得更加美好，而不会给你的生活增加负担。

在一根鱼线上挂 5 个鱼钩

在做一件事情的同时我们还可以去做其他的事情——在一根鱼线上挂 5 个鱼钩钓鱼——这会让你的思维活跃，使人们对你的印象深刻，最重要的是，可以让你的效率得到提升。

我的一个朋友，他的公司有数千名员工，他们大部分都是在办公室里工作的，比起在现场和在楼道里工作的工人，他们需要完成的工作量大概是那些人的 50 倍。

在办公室人员中，行政助理这个职位会让人真正感受到额外工作所带来的压力。表面上，大部分助理都差不多：他们都充满热情、行动迅速、有所作为、忠心耿耿，工作能力也都差不多。但是有些人的工作成果却是其他人的两倍。

这些"取得双倍成果的实干家"都有一项突出的优点，就是能够同时做好几件事情。不管什么时候接到任务，他们都会把那些准备顺带去做或者顺路去做的事情写在纸上或者记在心里。接着他们会考虑自己要去什么地方，然后安排路线，在去的路上和回来的路上，可以顺便停下来完成一些工作。这几乎花不了多少时间，也不用为了这件事情再跑一趟。大多数女人都精于此道，孩子越多、工作越繁杂、责任越重大、兴趣爱好越广泛，她们就做得越好。她们比自己的老板和同事的效率都要高。

我们有多少次本该完成工作却没有做到？关键是在安排工作的时候，要时刻保持清醒，知道要做些什么、什么时候做、在哪里做，然后就是要看看该怎么做。为一件无关紧要的事情专门跑一趟是非常烦人的，我们可以很快乐地避免这种情况。

待在第一线

英雄和冠军都是在战争中、比赛中产生在第一线的。哪里有风险、哪里有伤害、哪里有困难、哪里有阻挠，哪里通常就会有最了不起的成就。

现代社会的人们越来越多地着眼于个人自由，但是脱离了责任和义务的自由是不存在的。通常，现实会刚好相反：那是一种束缚！我们工作、规划、冒风险、做各种牺牲以求获得经济上的独立——那么我们就不需要去适应任何人了。如果多数人都"不去适应别人"，那会怎么样？只会婚姻失败、信念减少、健康恶化、热情消退、善心泯灭、性情乖张。无论是对团队来说还是对个人来说，无论是在家里还是在公司里，第一线上都会发生各种各样的事情。哪里有旺盛的生命力、丰富的知识和大量的行动，伟大的种子就会在哪里生根、发芽、结果。如果你把自己和第一线的工作隔离开来，你就失去了获得成长、取得成功和提高效率的机会。

所以，加快脚步，走到前面去，在那里，你会如坐针毡，因为你要工作、要取得成就、要承担责任。美好的生活不是奢侈享受——而是工作的能力。让自己处在不得不回答、不得不发言、不得不给予、不得不工作的位置上。

如果你想证明自己，那么就必须接受检验，去争取达到甚至超越自己的极限。

第九章

更多工作，更多回报

如果我们每天、每星期都能完成更多的工作，这该多么美妙啊！

我曾经见过一些很棒的推销员，他们不是说服你掏钱买东西，甚至不用你答应他们将会购买商品，其实他们只是让你毫无负担地试用某种产品而已。如果产品很好，销售自然就完成了。因为你一定会购买，也愿意付钱。如果能把你自己的旧手表卖了，去戴一戴高效率人士的手表的话——他们的手表每天有 48 个小时而不是 24 个小时（因为他们每天能够完成的工作是原来的两倍）——你就再也不想戴原来的那块"没效率"的手表了，甚至连卖旧手表的钱你都不想要了，因为现在你拥有了更多的时间，还有一些你以前没有的东西：

* 无数的选择机会；

* 奖金；

* 迅速增加的收益；

* 领导能力；

* 帮助别人的能力；

* 获得非凡的成就；

* 无穷的动力。

你的新手表有很多秘密的按钮，就像最先进的计算机，你的生活会因此而变得更加美好。你可能永远都不知道这块手表里有多少美妙的机关，这些能够帮助你过上自己一直都在追求的幸福生活。

机会在工作上

如果你专注于自己的事业，一心扑在工作上，做你应当做的事并且都完成得很好，你就会惊讶地发现，无数的好机会正在朝你走来。

有多少人都在外面追求财富，他们卖东西、散发商业广告和宣传单、给潜在的客户发去大量的电子邮件——但这样做基本不会有什么进展和结果。如果你到外面去做一些实际的工作——粉刷、清洁、修理、圆满地完成其他客户交给你的工作——很多路过的人可以看到你，看到你的卡车和装备，还能看到你的技术。不久，在他们需要粉刷、清洁、修理和服务的时候就会想到你，并且和你预约时间。

无论在哪里，我都会每天工作 18 个小时——处理个人私事、商业项目以及在社区里承担一些工作——这是放松和争取回报的最好办法。我在三亚给自己的房子修建 90 米长的围墙时，这份工作给了我无穷的快乐。在户外的阳光与空气中劳动，鸟儿在歌唱，到处是美景，这就是我所能想象的最舒服的工作。我得到了很好的锻炼，而且真的做了一些事情——围墙完成了，我的屋子变得更好了。围墙是修在路边的，邻居、游客、慢跑的人、猎人、骑马的人和其他人都时常经过，也都看见了我。这个简单的修围墙的工作，不仅让我省了钱，干活的时候还给我带来了很多快乐：

* 一位泥瓦匠停下来教了我一些全新的砌砖技巧。

＊一位大学教务主任购买了我推荐给他的一个清洁教程。

　＊人们在这里停留和参观。

　＊人们和我分享他们的水果、食物和想法，邀请我去做客，和我交谈。

　　真是太奇妙了！在我干活的时候，得到了这么多额外的收获，而且全都是免费的。如果刻意去寻找这些东西的话，我可能连一半也找不到，快乐也会少很多。去工作——待在工作的地方、做实际的事情——画画、挖土、唱歌或者跳舞，做任何你想做的事情——就会获得一些难以想象的最有价值的成果。你不用花钱，也不用做什么刻意的努力，这些就自然而然地来了。工作本身就有巨大的吸引力，它对你非常有用。

工作总会给你带来意外的收益

我对年轻时代的经历，记忆最深刻的就是打猎，不过并不是打猎本身，而是来打猎的那些人——叔叔、阿姨、堂兄弟姐妹和其他的客人。大人们打猎的时候，我只能当一个没有猎枪的初学者，要不就是钻进灌木丛，把山鸡轰出来，所以我对诡计多端的山鸡的习性了如指掌。好的初学者会到每一个洞穴里去寻找山鸡，一般来说，在麦田里、柳树林里、河沟里，你走过的洞穴越多，发现的山鸡也就越多。

有一天，我看见一只又大又肥的山鸡跑进了灌木丛，而且没有从另一边跑出来——这可是抓住它的大好机会。奥斯卡叔叔让我"走进去抓住它"。我便重重地踩进灌木丛，结果一下子就炸开了锅——山鸡东蹿西跳，到处都是，肯定是全狩猎场的山鸡都来开会了。我只是想追一只山鸡而已，那个小灌木丛里居然飞出了三四十只山鸡。

这就是经验和规律，也是工作所带来的回报——不用刻意地去寻找和要求什么，你把一件事情做好的同时，总会有一些额外的、意想不到的事情发生。

我的一个朋友喜爱登山运动，花了不少力气，也花了不少钱，学习登山并且从中得到了快乐。在登上山顶的过程中，他还有了其他的收获：锻炼了肌肉，战胜了恐惧，学会了当机立断，发现了自己新的能力，了解了自己不同的侧面。并且他结识了新朋友，去了陌生的地方。他想要做的事情就是登山，他做到了，其他的那些都是副产品——它们都是伴随着登山而出现的，不用花钱，也不用专门做什么努力和规划。

努力做事，自强不息，你就可以得到这样的收获。大部分孩子参加课外活动都是为了好玩——可以和伙伴们在一起，可以结识新朋友等。但是在这个过程中，他们也懂得了忠诚和荣誉，学会了如何获得机会，知道了怎样在团队中工作。他们克服困难，做各种富有建设性的事情，同时，他们还有机会旅游，能够熟悉某个行业，并且有可能今后就从事这一职业。换句话说，这也是一举多得的事情。

我的一个朋友下决心要好好学习跳舞，成为一个舞蹈教师。这真是要花一番苦功——每周有 6 个晚上要上课和练习——但是她都做到了，而且做得很好。最后，她当上了舞蹈老师，不仅实现了自己的目标，而且非常开心，过得有滋有味。现在，她交了许多的朋友。另外，她还得到了爱情，学会了如何去理解音乐，结识了不同国家、不同文化背景的人。她只是想做一个舞蹈老师，却得到了几十份收获，而且没有多花什么钱和力气。

努力工作，会有很多的回报不期而至，这让我们的生活充满真正的快乐。工作本身就能带给你很大的满足感，当几件、十几件甚至上百件额外的收获伴随而来的时候——事实就是这样——简直每一天都好像是你的生日！这些小小的奖励对那些积极进取的人来说，不仅是一种收获，更是一种激励，鼓舞着他们去做一个最出色的生产者。

完成更多的工作，增加你的产出，提升对自己的期望，这会让人兴奋不已，给你巨大的回报和莫大的动力。多做一点儿事，多认识一些人，这会丰富你的生活。工作能够赋予你改变生活的力量，你会发愤图强，而不是得过且过。

我们不是都想改变自己的生活，改变做事的方式，并且获得成功吗？我已经找到了一条捷径：只要提出要求、制订计划、认真实施、承担责任，并且做得更多更好就行了。不要理会其他人做得怎么样，也别管那些假设性的公式认为你能完成多少工作。"有计划"的生活就好像是看着油漆慢慢变干一样让人激动。即使你一口吃得太多，无法咀嚼，也不能全部消化，不得已要吐出来一些，你也要知道，这是"工作"而不是失败。你可以每天游刃有余地认真做5件事，不犯任何错误；你也可以大刀阔斧地每天完成85件事，可能有一半以上都失败了，即使是这样，你也做了35件事情——那一半失败的工作也可以为你赢得尊重，给你带来新的人际关系和经验。这就是我们学习的过程，很快，你就能够完成这85件事情当中的80件了。

不要让自己陷入困境

让我们来看一下问题的另一面。我们花了很多时间抵制诱惑、解决问题，我们不得不锻炼身体、保持体型、节食，不断提醒自己遵守道德规范，克制自己的激情和欲望……日复一日有意识地关注这些问题，不仅效率很低，而且会让人觉得非常辛苦。如果你很忙，甚至超负荷地工作，不管是在公司里还是在家里，不管是社区的工作还是学校的工作，或者是亲朋好友的事情，只要有机会，你就尽量去承担更多的责任，那么，你就完全没有多余的时间，很多问题也就根本不会发生，也不会给你造成困扰。

想想看，是不是这样：在你真正做什么事情的时候——有趣的事情、有挑战性的事情或者你有责任去完成的事情——你不会感到孤独，也不会感到厌烦。工作让你身强力壮、心里充实，你没有时间闲聊，没有时间烦恼，也几乎用不着烦恼。自由而闲散的时间常常会毁掉人们的生活。

我曾经认识一位海军上将，他同时也是一个心理医生，跟我讲了一些自己工作上的事情。他说，新兵会遇到很多挫折和问题：例如吸毒、酗酒、感情困扰等，他的大部分工作就是对他们进行劝导。"为什么？"我问，"他们为什么会这样？"

"很简单，"他说，"都是'闲散时间'惹的祸。他们有很多空闲时间，无事可做，只能在服役的生活中等待，很多人都处理不好这个问题。这时，他们就养成了吸烟喝酒的习惯。当烟酒渐渐起不了什么作用而生活还是一成不变的时候，他们就会做更加消极的事情来打发时间——吸毒、打架等。他们不是坏人，只是太闲了！"

如果你所有的智慧和能力不是用在工作上，它们就起不了很大的作用，不能给你带来幸福的生活。做一个高效的人，你就相当于有了一笔很可观的储蓄。在被失望和挫折打击的时候，你会充满信心，而不是向困难低头。所以，你会有办法战胜困难，甚至可以给别人力量。

积极进取甚至可以让你变得谦逊有礼。低眉顺眼地坐在一边或小声地阅读一本书都不是谦逊的表现，也不能让你具有这个优点。有的人一直在努力地成就伟大的事业，不管是繁重的工作还是暂时的失败，都能激发他们的热情，只有这样的人，才真正懂得什么是谦逊。这也是高效工作的另一个免费赠品。那些一夜暴富的人，那些继承了巨额财产的人几乎都是最自命不凡的人；把他们和那些依靠自身努力而硕果累累的人进行一下比较吧。实干家不会趾高气扬，但是你知道他们一定对自己的能力充满了信心——真正的谦逊一定包含了信心以及对自己的正确评价。

你想做一个了不起的领导者和教导者吗

每个人都梦想着成为一个了不起的领导者或教导者。但是，怎样才能做到呢？学历、金钱和职位都不能保证这一点——我们认识很多人，他们三者齐备，却连一个家庭或几个职员都管不了。伟大的领导才能来自于你正在做的事情以及你所坚持的事情，而不是来自于你的知识和你的财产。这种能力可以改变其他人的生活，只要你养成了做事的习惯，很多人的生活都将受到你的影响，而你甚至对此浑然不觉。

我年轻的时候在杭州住过一段时间，认识一个名叫乔亮的朋友。他真的是一个效率很高的人，而且喜欢和人交往；他活着就是为了改变别人的生活。他是怎么做的呢？多年来，他每个星期日都起得很早，到自己的大花园里用新鲜的花朵编成花环，然后，带着花环去干活。如果碰到被别人遗忘的人或者孤独的人，乔亮就会送给他一个花环。如果有人肚子饿了，乔亮就会邀请他到家里吃饭——即使是陌生人也不例外。他积极而坚定地这样做了35年。后来，乔亮到处旅游，无论他走到哪里，都会遇到朋友和喜爱他的人——他们当中的很多人，在遇到乔亮并且从他那里得到一个美丽的花环之前，根本不认识他。

许多年过去了，我在全国各地都做过演讲。在演讲中，我一定会提到自己在杭州的那段日子，经常有人在演讲结束后走上来问我：

"嗨，你认识乔亮吗？"除了乔亮，他们也不认识杭州的任何人，但是成千上万的人都知道乔亮。乔亮80岁的时候，卧病在床，我和妻子去探望他，几乎要事先预约才行。所有关心他的人都来看望他了——这就是真正的实干家所得到的回报。

» 当你开始做更多的工作，会怎么样

　　＊你将变得大受欢迎，而不会总是觉得时间不够用。

　　＊你所拥有的时间会比以往任何时候都要多。

　　＊从现在开始，无论生活怎样对待你，你都不会害怕，不会被击倒。不管发生了什么，你都有自己的价值。

　　＊每个清晨你都会非常快乐——有一些工作正等着你起床去完成。

　　＊你会全神贯注于有目的的工作，并在不知不觉间打开一扇通往成功和快乐的大门。

　　＊你将会发现，或许这是你有生以来第一次这么想——自己真是个人物。

　　＊如果人们坚信自己会变得与众不同，他们就将与众不同。

　　实干家充分展现了自己的价值。知道自己是有价值的，这是世界上最大的动力源泉！

　　如果你能完成很多工作，你会做些什么——更多地去和别人分享？为更多的人服务？提升自己？变得更自私？或者变得更无私？只要你有了更多的时间，想做什么都可以，如果你愿意，甚至可以浪费一点儿时间——你不是在苦苦谋生，而是在享受生活！

图书在版编目（CIP）数据

你的时间 80% 都用错了 / 连山编著 . -- 长春 : 吉林
文史出版社 , 2019.12（2023.4 重印）
ISBN 978-7-5472-6238-2

Ⅰ . ①你… Ⅱ . ①连… Ⅲ . ①时间—管理 Ⅳ .
① C935

中国版本图书馆 CIP 数据核字 (2019) 第 107683 号

你的时间 80% 都用错了
NI DE SHIJIAN 80% DOU YONGCUO LE

编　　著：连　山
责任编辑：孙建军　董　芳
出版发行：吉林文史出版社有限责任公司（长春市福祉大路 5788 号出版集团 A 座）
　　　　　　www.jlws.com.cn
印　　刷：三河市燕春印务有限公司
版　　次：2019 年 12 月第 1 版　2023 年 4 月第 10 次印刷
开　　本：145mm×210mm　1/32
印　　张：8 印张
字　　数：184 千字
书　　号：ISBN 978-7-5472-6238-2
定　　价：36.00 元